JN112654

授業シリーズ

独禁法の授業をはじめます

菅久修一 著
Sugahisa Shuichi

商事法務

ごあいさつ

皆さん、はじめまして。この講義の担当の菅久です。

　これから全11回で独禁法を学んでいきましょうということで、この**全11回を終了すれば、独禁法の全体像を一通り理解でき**（るということを目指してい）ます。自由経済社会や独禁法の基本的な考え方から始まって、独禁法ではどのようなことを禁止していて、実際に禁止するためにどのような手続でどのような措置をとるのかといったことについて、主な点に集中して（ということは、かなり省略もして）**なるべく分かりやすく語りました**。

　この本を手に取っていただいた方々の多数派は、最近、カルテル・談合だけでなく、デジタル・プラットフォーム、携帯電話、地銀やバス、スタートアップ、フリーランス、さらには、プロ野球や芸能界などなど、いろんなところで独占禁止法（独禁法）とか公正取引委員会とか、しばしば（少なくとも、たまには）みたりきいたりするので、どんなものなのか知りたい気持ちはあるけど、法律の本は難しそうなので躊躇（難しい！）してたけど、この本はなんか易しそうな感じがしたのでちょっと読んでみるかと思った、ということかと想像しています。

　たしかに、一般的に法律書では、第○条とかが頻繁に出てきて六法も買わないといけないのかなぁと心配になったり、日頃みない「及び」「又は」「若しくは」「並びに」なんかが出てきて「？」となったり、条文や法律書特有のかたい表現に何度も止まってしまったり、ということがありがちでしょう。

そこで、**法律書に慣れていないというか、むしろ違和感があるけど独禁法のことを一通り知りたいというご希望にお応えすべく、この講義では、分かりやすさを重視した口語調の語りで、かつ、独禁法とかその他の法律の条文番号とかはほぼ出てきません。**条文の出てこない法律書というのは普通は考えにくいでしょうが、特に独禁法の場合、分かりやすさということだけでなく、何条に何が書かれているかとか、それらの**条文の細かな解釈とかよりも、まずは、独禁法をめぐるというか、独禁法を支えている基本的な考え方とか理念とかを理解することが大切**なので、この本を選ばれたのはむしろ良い選択だと思っています（読み終えたときに皆さんが共感してくれたら嬉しいのですが）。さらにいえば、**独禁法の場合、基本的な考え方さえ理解できていれば、細かな条文とか知らなくてもほぼ正しい方向での判断ができるといっても過言ではありません。**むしろ、条文とかの細かな解釈とかから入っていくと、そういうことはいろいろと事細かに知っていても、いわゆる「木をみて森をみず」で、大局観がなくて、かえって実際の場面での判断を誤るということになりかねませんのでご注意ください。

　ところで、開講に当たって、まずは簡単に自己紹介しますと、私は1960年大分県大分市生まれで、大学から東京で、経済学部で3年生から産業組織論のゼミに入りました。産業組織論は、少しかたくいうと、応用ミクロ経済学といわれる分野のものの1つで、独禁法や競争政策の経済学的な基礎ともいえる学問分野です。この産業組織論は、今ではゲーム理論などが活用されて理論的にも高度なものになっていますが、私が勉強した1980年頃は、ごく基本的な経済理論に基づいて実際のデータなどを使っていろんな産業の実態を調べていくというのが中心で（少なくとも私の記憶ではそうで）、今と比べると、ある意味とても素朴でした。正直なところ、積極的に産業組織論を選んだとはいえなくて、経済学部に入って数学は無理！　と気づいて、数学をなるべく使わない分野を……と探してこのゼミに入れてもらったというのが本音です。入ってみると、産業組織論では、集中度とか、独占・寡占、参入障壁などなど、独禁法・競争政策で登場するさまざまな用語が扱われていて、まさに、このゼミに入った「おかげ」で、公務員試験を受けてから公正取引委員会を訪問して（このゼミに入っ

ていなかったら、公正取引委員会を訪問しなかったでしょう）、面接を受けて、採用されて、1983 年に入って現在に至るという次第です。

さて、では早速、第 1 回を始めましょう！

令和 3 年 5 月

独禁法のサポーターや理解者が増えることを期待して

菅久修一

目　次

第1回　独禁法って何？

第2回　ざっと、独禁法をみてみよう

第3回　カルテルや入札談合

第4回　独禁法違反の調査と
違反行為への措置

第5回　優越的地位の濫用って？／そう、不公正な取引方法の1つです

第6回 ほかにも独禁法違反行為はあります

——いろいろな不公正な取引方法と私的独占①

第7回 ほかにも独禁法違反行為はあります

——いろいろな不公正な取引方法と私的独占②

第8回　合併とか買収といった 企業結合審査の考え方と手続

第9回　適用除外とか、行政指導とか、規制分野とか

第10回　国際カルテルにどう立ち向かっているか

第11回　公正取引委員会とは、そして最後に独禁法の歴史をちょっと

独禁法って何?

第1回

●CONTENTS●

 ## 1　独禁法（競争法）の役割とは

　ということで、**第1回**は「**独禁法って何？**」です。まず、独禁法の正式名称は、「私的独占の禁止及び公正取引の確保に関する法律」です。この独禁法の内容など詳しくは**第2回**以降にお話しするとして、その前に、少し話はそれるのですが、皆さん、「NHKスペシャル　人体　神秘の巨大ネットワーク」という番組、ご覧になった方はいらっしゃいますか。

　これは、京都大学の山中教授とタモリさんが出ていて、2017年から2018年にかけて放送された番組ですが、この番組によると、医学の世界で人体に関する考え方が大きく変わりつつあるとのことなんです。以前の人体のイメージは、脳が体全体の司令塔となって他の臓器はこれに従うと

1

いうもの、つまり、「脳を頂点とするタテ社会」という考え方だったんですが、最新科学によると、体中の臓器が互いに直接情報をやりとりすることで私たちの体が成り立っている、人体の中では常に臓器同士が会話をするようにメッセージを交換しながら支え合っている、いわば巨大なネットワークであるというんです。

　この「人体」の話、**自由経済社会の仕組みや考え方に通じるところがあると思いませんか。**

　日本は、改めていうまでもないですが自由経済社会で、自由経済社会は市場(しじょう)における競争（市場競争）を基盤・土台として成り立っています。これをとても平たくいいますと、少数の優秀な人たちの考えたとおりにみんなが動くよりも、数千人、数万人、数十万人、数百万人といった多数の人たちがそれぞれに次々とチャレンジをするほうがうまくいくということです。中央集権ではなくて、分権的な仕組みですね。

　市場というのは商品やサービスの供給者と需要者が出会う場で、たとえば、コンビニが供給者（売り手）でコンビニのお客さんが需要者（買い手）で、コンビニとそのお客さんの関係がコンビニ業の小売市場ということになります。供給者（売り手）は、買い手のお客さんが何を必要としていて、どのようなものを好むかといったことを考えながら、自由に創意工夫をして、お客さんが買ってくれるような商品やサービスを提供していきます。こうした仕組み、それが自由経済社会の仕組みで、このような仕組みが円滑に機能し続けていくためには、市場のプレイヤーである供給者や需要者のそうした自由な活動が妨げられないようにしなければなりません。

　買い手（お客さん）は消費者ともいいますが、消費者は自分のふところ具合を考えながら、自分に必要で好みの商品やサービスを自由に選びます。**事業者は自由に創意工夫をして、こうした消費者に選ばれるような商品やサービスを開発したり、手に入れて販売しようと競い合います。そして、消費者に選ばれた事業者が伸びていきます。このような「市場における競争」（市場競争）が経済の繁栄と成長の基盤で、このためには「競争的な市場環境」とか「自由で公正な市場」が必要ということですね。**

　では、市場競争、そして自由経済社会は、自然に成立して自動的に円滑に機能するのかというと、そういうわけではありません。市場とか、競争

というと、「自由放任」とつなげてしまう人がいますが、**市場や競争は「自由放任」ではうまくいかないんです。**

たとえば、意欲的で有望だけどまだまだ小さい企業がお手頃で高品質の商品の販路を拡大してくれると消費者にとっては嬉しいことですが、既存の有力な事業者にとっては脅威ですね。で、その有力な事業者が取引先に圧力をかけて有望小企業と取引させないようにするといった競争を歪めるような行為が行われると、消費者は、お手頃でいい商品を選ぶことができなくなってしまいます。これが競争制限行為で、競争制限行為が行われると市場の機能が妨げられるということになります。

こうした競争制限行為に対処するのが独禁法ということになります。競争的な市場環境を維持・促進して、自由で公正な市場が機能することを目指しているのが独禁法で、**自由経済社会が円滑に機能するようにするための法律**ということができます。

市場が円滑に機能するためには独禁法があればいいかというと、もちろんそうではなくて、そのほかに、安定した通貨制度や金融制度、度量衡（重さや長さや体積などの単位ですね）の統一とか、民法や商法などのきちんとした民事法制度、裁判などの紛争処理制度、適切な労働法制や税制、安定した社会保障制度なども必要です。

独禁法は自由経済社会の基盤を形成・維持するために不可欠で重要な仕組みですが、もちろん、それだけではなくて、こうしたさまざまな制度や規制が市場の円滑な機能を支えています。

市場が円滑に機能して経済が繁栄・成長するためには、自由放任ではうまくいきませんし、逆に緻密な計画ならいいかというと、それではうまくいきません。たとえば、20世紀には、ソ連（といっても、ソ連って何？という人が多いかもしれないと危惧しますが、今のロシアの前、1991年まではソ連、ソビエト社会主義共和国連邦といっていて、私はドイツ・ベルリンに1991年に赴任したのですが、そのときはまだソ連で、行ってすぐにロシアに変わったのですが、とにかく、そのソ連）を中心とする東側諸国が計画経済に挑戦しましたが、結局うまくいかず、ほぼすべての国々が市場経済に移行しました。

競争制限的な規制ではもちろんダメで、市場が機能するための仕組み、

「枠組み」を作って、それを維持するという方向での規制が必要ということです。供給者（売り手）が自由に創意工夫を凝らしてさまざまな商品やサービスを世の中に送り出し、需要者（買い手、お客さん）は、自分が必要としていて、しかも好みの商品やサービスを自由に選択して購入できるような環境を作って維持していく。独禁法などのさまざまな仕組み（「枠組み」）でこうした市場の円滑な機能を支えているということです。

　自由で公正な競争という市場メカニズムが確保されれば、イノベーションが促進されます。真のイノベーションは、自由経済社会の考え方と整合的なのです。

　TRON プロジェクトを推進して、ユビキタスコンピューティング、これは今でいう「IoT」のことですけど、これを早くから提唱された坂村健氏の『IoT とは何か』（角川新書、2016 年）という 1 冊がありますが、この本にイノベーションについて非常に重要で大変面白いことが書かれています。すなわち、予見できない革新こそがイノベーションである、こうすれば必ず成功するなどというのはイノベーションではない、イノベーションを達成するには単にやってみる回数を増やす以外に王道はない、誰か偉い人が方向性を定め、ターゲットに向かって皆が資源を集中して効率よく進めるというターゲティング政策は、イノベーションに対してまったく無力である、100 人いるなら 100 人に自由にやらせ、その中で一番いいものが勝っていく、そういう状況をつくらない限りイノベーションは出てこない、そしてチャレンジを増やすにはチャレンジする環境を整備することにつきる、ということなのです。

　まさにそのとおり！　ですね。

　ところで、独禁法のような法律は、一般的には「競争法」と呼ばれています。では、どのような法律が「競争法」といえるのかということですが、これについては、今日では国際的にほぼ共通の理解があります。**競争法**（日本では独禁法、アメリカでは反トラスト法といいます）**とは、①カルテルを原則として禁止する規定、②単独事業者による反競争的行為を規制する規定、③企業結合を規制する規定のすべてを含んでいて、かつ、④少なくとも専門の当局、本来的には独立した競争当局が執行している法律を「包括的競争法」といって、これが「競争法」だ、と理解されています。**①か

ら④のそれぞれの中身は、**第2回**以降で順次登場しますので、お楽しみに。

2 独禁法の強化

　日本の独禁法は昭和22年（1947年）に制定されて、それと同時に独禁法を運用する公正取引委員会も設置されました。「経済民主化政策」という言葉、記憶にあるでしょうか。第二次世界大戦後に占領下の日本で行われた労働立法、農地改革、財閥解体、過度経済力集中排除などの経済民主化政策によって形成された民主的な経済の仕組みを維持する役割が独禁法には期待されていました。

　ところで、法律では、一般的に第1条にその目的が書かれていて、独禁法の目的の中には「国民経済の民主的で健全な発達」と「民主」という言葉が出てくるのですが、インターネットの検索サイトで「e-Gov法令検索」と入れて、出てきたページの法令用語検索のところに「民主」と入れると、約30本の法律がヒットして、うち10数本が昭和20年代のものなんですね。地方自治法、国家公務員法、公職選挙法、放送法、地方自治法などいずれも戦後の民主化政策に関係する法律です。

　2017年には独禁法は施行から70年を迎えました。その詳細な歩みは**第11回の2**に譲りますが、これを機に、この年の7月20日に、公正取引委員会は「独占禁止法施行70周年を迎えるに当たっての公正取引委員会委員長談話」を公表しました。ここでは、独禁法施行70年の歴史を振り返り、さらに、今日の競争政策の課題として「企業活動のグローバル化への対応」と「デジタル化への対応」、そして「より実効的・効率的な法執行を可能にする制度の導入」を挙げていて、最後の「より実効的・効率的な法執行を可能にする制度の導入」の中で「課徴金制度の改善」に触れていますが、この課徴金制度が導入されたのが昭和52年（1977年）で、その後、平成3年（1991年）に課徴金算定率の引上げ、平成17年（2005年）に課徴金減免制度の導入、平成21年（2009年）に課徴金対象行為の拡大、そして、2017年の談話のあとも令和元年（2019年）には調査協力減算制

度の導入などの課徴金制度の見直しと続いて、今日に至る、ということです。1990年代以降、独禁法の本格的な強化の動きが続いているのですが、これは世界的な競争法の拡大の時期とも重なっているんです。

3　競争法の拡大

では、[図表1-1]をみてください。

[図表1-1]　世界の競争法の導入状況

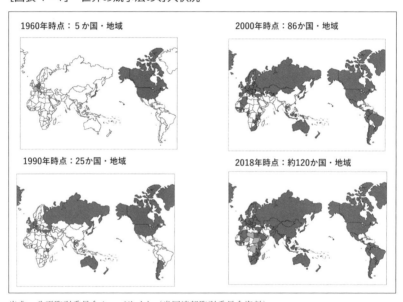

出典：公正取引委員会ウェブサイト（米国連邦取引委員会資料）

この1960年時点の図のうち、第二次世界大戦前に競争法があったのは、アメリカとカナダだけでして、アメリカでは1890年、カナダはその1年前に導入されました。**1947年の導入である日本の独禁法は実は、世界で3番目の競争法です。**西ドイツ（今のドイツ）と欧州経済共同体（今のEU

で、当時は EEC)で制定されたのがその 10 年後の 1957 年ですので、1960
年時点で競争法を有していたのは、5 か国・地域に過ぎませんでした。

　実際のところ、競争法を戦後の早い段階から運用してきたといえるのは、
アメリカとドイツと日本のみんですが、戦後の西側諸国(「西側諸国?」
な人はネットで検索してくださいね)の経済を引っ張ってきたのはこれら 3
か国であるということを考えますと、このことはかなり興味深いことと考
えているのですが、どうですか。

　で、競争法が急速に拡大したのは、ベルリンの壁が崩壊して、いわゆる
東側陣営がなくなって、世界中が市場経済体制に移行し始めてからです。

　1990 年時点ではまだ 25 か国・地域ですが、2000 年時点では 86 か国・
地域と、東ヨーロッパの全部と南アメリカのほとんどが黒くなりまして、
そして、2018 年時点では約 120 か国・地域と急拡大しました。

4　2つの競争

　これまで、競争、競争と何度も「競争」が登場してきました。競争が経
済の繁栄や成長にとって不可欠の基盤であるということは、これまで、経
済学が理論的に立証してきただけでなくて、経験的にも、中央計画経済と
いう仕組みをとってきた旧東側陣営が崩壊したことや、政治的には社会主
義を堅持しながら経済には市場経済体制を導入した中国(社会主義市場経
済(socialist market economy)とも呼ばれています)が急速に経済発展して
きたことや、各国での規制改革や規制緩和によって競争が導入され新規参
入が進むことで、価格の低下や新たな多様な商品・サービスの出現といっ
たきわめて大きな利益を社会にもたらしたこと、そうしたことからも明ら
かだと私は思うのですが、しかし、一方で、**「競争」に対する批判をする
人、「競争」への違和感を持つ人など**は相当にいると思われます。これは、
今だけではなくて昔からそうです。

　では、なぜ「競争」に悪いイメージを持つ人たちが相当にいるのかとい
うことですが、それは、「競争」という言葉には 2 つの相異なるものが含

まれているためではないか、と私は考えました。

　「競争」という言葉から、たとえば、「生存競争」とか「受験競争」を思い浮かべた場合、この「競争」は、[図表1-2]の生存競争型の「競争」です。この生存競争型の「競争」の場合、勝負はAとBの間だけで決めることができますね。たとえば、受験競争、これを単純化して、AとBの2人が定員数1をペーパー試験の成績で競うとすると、AとBのうち試験の点数が上のほうが勝ちということになって、AとBの間だけで勝ち負けを決めることができますし、しかも、勝ったほうは利益を得て負けたほうは損をするということになります。

[図表1-2]　2つの競争

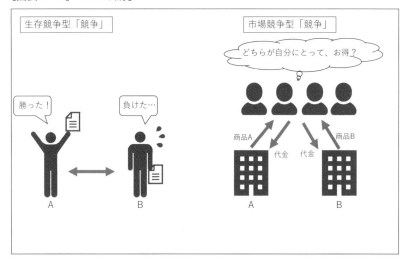

　一方、市場競争という用語での「競争」の意味は、これとは異なります。[図表1-2]の市場競争型の「競争」から分かるように、市場競争の場合は、A社とB社の間だけでは勝ち負けを決めることができません。A社がB社より、たとえば、従業員の数が多いからといっても、A社の勝ちということにはなりません。A社がB社に勝つためには、A社はB社の商品よりも多くの顧客（購入者、消費者）に買ってもらえるような商品を生産・販売しなければなりません。顧客がB社ではなくA社の商品を選ぶ

のは、Ａ社の商品のほうが価格や品質などの面で「自分にとってお得だ」と判断するからですね。つまり、事業者は、より多くの満足を顧客に与えることのできる商品を提供することができるかどうかで競い合い、「競争」をしていて、この「競争」は第三者に利益を与える競い合いですので、「競争」が行われることで顧客の利益はますます増大するということになります。

「競争」と聞いて「生存競争」とか「受験競争」とかを思い浮かべると、よくないイメージになるかもしれません。しかし、このように、市場競争はこれとは異なります。**市場競争の意味の「競争」は、第三者に利益を与える競い合いであって、第三者である顧客（購入者、消費者）は常に利益を得ることになります。**このことを意識すると、「競争」や「市場」に多少なりとも良いイメージを持つことができるのではないかと思うのですが、いかがでしょうか。

 ## 5 良い談合、なんてない

「独禁法違反がなぜ問題なのか」「いいカルテルもあるのではないか」といったことを表立っていう人は、最近の日本では少なくなったかと思います。ただ、**心の中では、実は、「なぜ、カルテルや入札談合はいけないのか」と思っている人は、まだ相当にいるんじゃないでしょうか。**

事業者（企業）は、基本的には利益を上げることを目指している存在で、カルテルや入札談合をすれば、事業者は、少なくとも当面は、それによって利益を上げることができますので、たとえば、「経営が苦しいときに、暴利をむさぼろうとしてるのではないんだから、企業として利益になることをするのがなぜいけないんだ！」といったいい分がありそうですね。ただ、その利益は、自らの創意工夫でお客さんに選ばれて得た利益ではなくて、需要者（買い手）の選択肢を奪ったり、それを制約することによって生じた利益なので、需要者（買い手、消費者）には直ちに不利益が生じます。その不利益が企業の利益になっているだけということです。しかも、

それだけでなくて、カルテルや入札談合は、より良いものをより求めやすい価格で提供するという事業者の努力を否定するものですので、この結果、事業者がそのようなインセンティブを失ってしまいますと、その事業者や業界の成長力は、当然に、鈍化し、停滞し、衰退するということになってしまいます。

しかも、カルテルや入札談合は、参加している事業者がこれまでと変わらずにやっていけるようにするもの、すなわち、現状を固定するもの（現状維持）ですから、**意欲のある事業者であればあるほど、新たな創意工夫をしようとする意欲を大幅になくしてしまうことになります。**

ずっと現状維持ができればそれはそれでいいでしょうが、他の業界や他の地域から意欲的で競争力のある事業者が新たに登場してくることは十分にあり得ます。そんなとき、現状維持で満足してきた事業者は、経済環境の変化に対応したり、新規参入者に対応する能力が低下しているので、需要者（消費者）は、新たに登場した事業者の魅力的な商品のほうを選ぶようになってしまうでしょう。

カルテルや入札談合で効率的ではない事業者の利益や雇用を無理に維持することは、それが可能だとしても結局は一時的なものに過ぎないのです。

そもそも「経済」って何だろうと考えてみると、それは、人々が必要とする商品やサービスを希少な資源を効率的に使って生産して、それらを必要とする人たちの元に効率的に供給するためのものですね。たとえば、食料は生きていくうえで不可欠ですが、それを必要とする人たちの元に効率的に供給されなければ、最悪の場合、多くの人が飢えに苦しむことになってしまいます。そう考えると、**「経済」は必要な人に必要なものを供給するためのものであって、生産者や販売業者の人たちが作りたいものを作り、売りたいものを売るためのものではない**ということです。

このように、カルテル・入札談合のような競争を制限する行為は、それを行う当事者にとっては、少なくとも短期的には利益となったとしても、需要者（消費者）には直ちに不利益が生じますし、少し長い目でみると、違反事業者を含む社会全体にとっても不利益となります。したがって、こうした行為は独禁法違反行為として禁止されているということです。

6　第二次世界大戦中も反トラスト法あり

🎙 6　第二次世界大戦中も反トラスト法あり

　私のとっても好きな新聞紙面の記事があります。それは、1944年6月6日のヘラルド・トリビューン紙の1面です。1944年6月6日というのは、連合国軍によるノルマンディー上陸作戦が開始された日でして、1面トップでは、当然ながら、ヨーロッパの地図とともに大見出しでこの上陸作戦の開始が報じられているのですが、その1面の左下のほうをみると、米国の最高裁が反トラスト法（競争法）に関する判決を下したという記事が載っているのです。「米国連邦最高裁は、6月5日、75年前の判例を変更し、保険事業は州際取引（インターステイト・コマース）に該当し得ることから、連邦反トラスト法の対象となり得るとする判決を下した。」という記事です。**第2次世界大戦の帰趨を決するノルマンディー上陸作戦が行われていたときにも、反トラスト法（競争法）は運用されていて、しかもそれが報道されている**ということです。このことはまさに、自由経済社会における競争法・競争政策の重要性を物語るもので、競争法は、自由経済社会にとっては、いつでも、どこでも、ということでしょう。

🎙 7　2つのことを忘れずに

　第2回以降、独禁法で禁止されている行為などを1つずつ学んでいきますが、そうした個々の細かなことを仮に忘れたとしても、独禁法で問題となるかどうかについては、1つには、需要者（買い手、取引先、お客さん、消費者）の立場で、2つには、同業者とまともに競い合いをしている事業者の立場で考えればほぼ分かります。

　きわめて大胆に要約しますと、まず、事業者が自分の商品やサービスの価格や品質で勝負をしていて、自分の商品がお客さんから価格や品質の良

11

さで選ばれて利益が上がっているということであれば、問題となることはまずありませんが、そうではなくて、ある行為をすると、お客さんである需要者（買い手、取引先）にとって十分な選択肢がなくなってしまって、その結果、仕方なく自分の商品やサービスが選ばれている、または選ばれるようになる、つまり、お客さんが損をすることで自分の利益になるということですと、独禁法上怪しい行為ということなります。

また、同業者とまともに競い合いをしようとしていたら、自分の販売価格とか販売数量、取引先などの情報は、同業者に知られたくないですよね。そうであるにもかかわらず、そのような知られたくない情報を同業者（競争事業者）と話し合ったり、共有したりすると、独禁法上問題、カルテルとして問題となるということになります。

一方、独禁法で禁止されている行為であるカルテルなどの競争制限行為を行うと、それを行っている事業者にとっては少なくとも短期的には利益になりますので、違反行為を行う事業者自身にとって利益になるんだからいいじゃないかということにはなりません（単に事業者にとって利益かどうかは、独禁法で問題かどうかの判断基準にはなり得ません）。

次回以降、独禁法のさまざまな点を学んでいきますが、**需要者（買い手、取引先、お客さん、消費者）の立場で考える、そして、同業者とまともに競い合いをしている事業者の立場で考えるという2つを常に忘れずに。**

8 第1回の最後に一言

自由経済社会にとって、公正かつ自由な競争環境を維持することは、経済の基本であり、土台です。独禁法に基づいて公正取引委員会が行っていることは、経済のしっかりとした土台を作り、維持することですが、いい方を変えると、それに止まるもので、その土台の上に何を作るか、その土台の上で何をするかは、事業者が自由に創意工夫をして決めることができますし、事業者が決めなければなりません。これによって、経済の自由も確保されることになって、イノベーションが促進され、消費者も大いに利

益を得ることになります。しっかりとした土台作りをするにはコストがかかりますので、これを省略して、その費用を建物の建築に回して、より豪華な建物を建てたいという誘惑にかられるかもしれませんが、そんなことをすると、一見豪華な建物ができても、ひとたび何かあれば、傾いたり、倒れたりしてしまいます。

　企業が、需要者（買い手）が何を必要としていて、どのようなものを好むかといったことを考えながら、自由に創意工夫をして、商品・サービスをお手頃な価格で提供するよう努力を重ね、さらに真のイノベーションを実現する。そして、**消費者（買い手、お客さん）が求めるものを、よい品質、お手頃な価格で提供した企業が利益を上げる。これが自由経済／市場経済のやり方**でありまして、このようなやり方を進めれば、最近、企業のガバナンスの世界でよくいわれる「会社の持続的な成長と中長期的な企業価値の向上」も実現されるということになります。

第**2**回

ざっと、独禁法をみてみよう

●CONTENTS●

はい、では、**第2回**を始めます。

次回（**第3回**）以降の前準備として、まずは、この法律の全体像をざっとつかんでおきましょう。

 ## 1 独禁法の目的

第1回の冒頭でもいいましたが、独禁法は、正式には、**私的独占の禁止及び公正取引の確保に関する法律**といいまして、「独占禁止法」と略称されることが多いですが、ここでは、より短い「独禁法」と呼んで話を進めます。この独禁法は、これまた前回もいいましたように、第二次世界大戦後の昭和22年（1947年）に制定されて、公正取引委員会がこの法律を

運用しています。

　独禁法の目的は、公正かつ自由な競争を促進することです。この「公正かつ自由な競争を促進」に加えて、独禁法では「以て、一般消費者の利益を確保するとともに、国民経済の民主的で健全な発達を促進すること」とも目的として書かれていますが、**「公正かつ自由な競争を促進」が直接の保護法益（主たる目的）**で、**「一般消費者の利益を確保するとともに、国民経済の民主的で健全な発達を促進すること」は究極の目的**と理解されています。

　独禁法を執行することで「公正かつ自由な競争を促進」することが実現されると、その結果として、一般消費者の利益が確保されて、国民経済の民主的で健全な発達が促進されることになるということを独禁法は期待しているということです。

　この究極の目的は、**第3回**以降で登場してくる「公共の利益」や「正当な理由」などと関係してきますので、ちょっと頭に入れておいてください。

[図表2-1]　独禁法の目的

> 独禁法の目的は……
> 「公正かつ自由な競争を促進」すること（主たる目的）
> そしてその結果、
> 「一般消費者の利益を確保するとともに、国民経済の民主的で健全な発達を促進すること」を実現すること（究極の目的）

 2　競争政策

　「競争政策」という言葉、前回の**第1回**でもちょっとだけ出てきました。この競争政策とは「自由な競争と開かれた市場を促進し、維持することを主たる目的として行われる法令の運用や、その他の様々な施策のこと」ですが、市場における競争を維持・促進するための方法としては、大きく分けて、①事業者による競争制限行為を禁止したり、合併・株式取得などの

企業結合によって競争制限的な市場構造が生まれたり強化されたりする可能性がある場合にこれを禁止する方法と、②直接的に競争の導入や強化そのものの実現を目的とする政策手段を用いる方法の 2 つがあります。

「競争政策」というと、公正取引委員会が独禁法を運用して行っていることを指すことが多いですが、これは①の競争政策です。

②の競争政策は、新企業の設立を支援したり、価格規制や参入制限の緩和・撤廃といった規制緩和・規制改革を進めたり、下位企業や中小企業を補助金などによって支援したり、税制上の優遇措置などで新規参入を促進したり、固定通信の加入者回線や電気事業の送配電網(不可欠施設)を他の事業者が利用(アクセス)できるようにするために接続料金や託送料金を規制するなどの方法をとるものです。たとえば、電気通信の分野で競争を促進するため、NTT 東日本や NTT 西日本が有している電話回線網への接続料金を規制して、新規参入事業者がこうした回線網を利用できるようにするとか、電気事業での競争を促進するため、東京電力などの既存の電力会社が有している送配電網の託送料金を規制して、新規参入事業者である新電力が利用できるようにするとかで、こうした②を含むより広い意味で「競争政策」ということもあります。

この「直接的に競争の導入・強化そのものの実現を目的とする政策手段」は、競争が機能しない原因が制度的な面にある場合とか、そもそも競争が成り立つ枠組みができていないときに、適切な枠組みを作るための手段として有効です。しかし、競争の基盤は事業者や消費者といった経済主体が自由に行動することができるということなのにもかかわらず、②の方法は企業の行動それ自体を縛ることにもなるので、やり方を間違えると、かえって競争を窒息させてしまう危険性もあります。

独禁法は、競争を制限する行為(反競争的な行為)を禁止する一方、そういう行為をしていない限り事業者の自由な行動に委ねるという①の方法で「公正かつ自由な競争の促進」という目的を実現しようとしています。

[図表2-2]　2つの「競争政策」

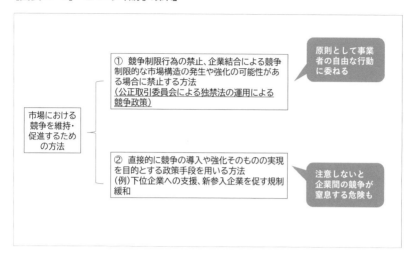

市場における競争を維持・促進するための方法

① 競争制限行為の禁止、企業結合による競争制限的な市場構造の発生や強化の可能性がある場合に禁止する方法
（公正取引委員会による独禁法の運用による競争政策）

原則として事業者の自由な行動に委ねる

② 直接的に競争の導入や強化そのものの実現を目的とする政策手段を用いる方法
（例）下位企業への支援、新参入企業を促す規制緩和

注意しないと企業間の競争が窒息する危険も

　そして、競争政策のうち、公正取引委員会が独禁法の運用によって行っているものであることをより明確に指し示すために「独占禁止政策」、「独禁政策」といういい方をすることもあります。

　どのような法律を「競争法」と呼ぶかということについては、今日では世界的に共通の理解があるということは**第1回**でいいました。覚えてますか？　そうした法律を「**包括的競争法**」と呼び、また、そうした「競争法」を執行している専門の当局、独立した当局を「**競争当局**」と呼んでいます。

　1990年代以降、独禁法が強化されて、その重要性が強く認識されてくる中で、刑事事件として取り上げられた事件として、**ラップ価格カルテル刑事事件**（東京高裁判決平成5年5月21日）、**シール談合刑事事件**（東京高裁判決平成5年12月14日）があります。これらの判決で、**独禁法は「我が国における自由競争経済を支える基本法」**であり「国内における自由経済秩序を維持・促進するために制定された経済活動に関する基本法」、「特に今日、一般消費者の利益を確保するとともに、国際的にも開かれた市場の下で、我が国経済の健全な発展を図るため、公正かつ自由な競争を促進し、市場経済秩序を維持することが重要な課題」になっていて「このため国内

的にも、また、国際的にも、独禁法の遵守が強く要請されて」いて、独禁法は「経済活動に携わる事業関係者に等しく守られなければならないものである」と指摘しています。これは、経済界に警鐘を鳴らす意味もあって、独禁法の意義とその遵守の重要性を判決の中であえて裁判所が述べたもの、とも理解できるでしょう。

3　事業者と事業者団体

　独禁法の規制対象は、事業者と事業者団体です。

　「事業者」は、独禁法で「商業、工業、金融業その他の事業を行う者」と定義されていますが、「なんらかの経済的利益の供給に対応し反対給付を反覆継続して受ける経済活動を指し、その法的主体を問うところではない」という**都営芝浦と畜場事件**（最高裁判決平成元年12月14日）がありまして、**事業の種類や営利性の有無、法人か個人かは問いません**。また、弁護士等の資格者や医師、さらに、地方公共団体や国も事業を行っていれば、事業者に当たります。

　事業者団体は事業者の集まりですから、事業者団体の行為は、そもそも複数の事業者が一緒になって行う行為ともいえます。このため、単独の事業者の行為に比べて、事業者団体の行為は、一般的に、競争に及ぼす潜在的な危険性が大きいですし、しかも、同業者が集まっていることも多いですから、一層その危険が大きいので、事業者の行為とは別建てで禁止行為が独禁法で規定されています。これについては、**事業者団体ガイドライン**（「事業者団体の活動に関する独占禁止法上の指針」）が公表されています。

　このガイドラインという言葉は、いろいろな意味で使われていますが、**独禁法の世界でガイドラインというときは、独禁法の規定についての考え方や、どのような行為が独禁法に違反したり、違反するおそれがあるかないかといったことについて、法律の規定よりも、より具体的に分かりやすく書いたものをいいます**。この本でもこれから先、いろんなガイドラインが登場してきます。

[図表 2 - 3]　独禁法と関係法、各種ガイドライン

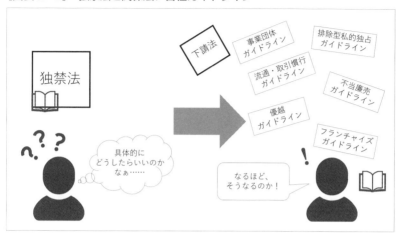

 **4　競争**

　「競争」についても独禁法に規定がありまして、売り手の間の競争だけでなく買い手の間の競争も含まれますし、現にある競争だけでなく潜在的な競争も「競争」ですし、ブランド間競争もブランド内競争も独禁法にいう「競争」に含まれます。

　ブランド間競争、ブランド内競争という用語は、馴染みがない方もいらっしゃるかと思いますが、たとえば、ある商品X、たとえば「エアコン」を企業Aと企業Bが製造・販売していると、消費者は、企業AのエアコンAエアコン）、と企業Bのエアコン（Bエアコン）を比較して、自分にとってお得なほう、好みのほうを選んで買うことになり、AエアコンとBエアコンは競争関係にあることになります。Aエアコンというブランドとブランドの間の競争ということで、これを「**ブランド間競争**」といいます。また、企業Aが製造しているエアコンを販売業者Pと販売業者Qがともに売っている場合には、販売業者Pと販売業者Qは同じブランドのAエアコンの販売で競争していることになりま

第2回

ざっと、独禁法をみてみよう

19

す。これを同じブランドであるＡエアコンの中での競争ということで「ブランド内競争」といいますが、これらはいずれも独禁法でいう「競争」に含まれるということです。

 # 5 競争制限行為

では、独禁法は競争制限行為としてどのような行為を禁止しているのか、ですが、独禁法で禁止されている主な行為は、**不当な取引制限**と**私的独占**、**不公正な取引方法**で、これらに加えて、**企業結合**を規制しています。

（1）不当な取引制限（カルテル、入札談合）

不当な取引制限は、カルテルや入札談合です。独禁法の規定に沿っていうと、事業者が他の事業者と共同して、価格の引き上げや生産量・販売数量を制限することなどについて他の事業者と合意して、一定の取引分野（いわゆる市場）における競争を実質的に制限することです。「競争を実質的に制限すること」は次回説明しますが、競争は、事業者が互いに創意工夫をして競い合うことなのに、**お互いに合意して競い合いをやめよう、競争を回避しようとすることが不当な取引制限**ということです。こうした行為は、通常、競争制限を目的としているものですので、競争に及ぼす影響が極めて大きくて、特に、**価格カルテル**、**数量制限カルテル**、**入札談合**など（これらは**ハードコア・カルテル**と呼ばれています）は、**こういう合意をすること自体が原則として違法**です。カルテル規制は、各国の競争当局にとって共通の最重要課題です。

[図表2-4]　ハードコア・カルテル

価格カルテル、数量制限カルテル
入札談合など

(2)　私的独占

　私的独占には注意が必要です。これは、独占していること自体を禁止するというものではありません。いい商品をお手頃な価格で提供して消費者に選ばれた結果、他の事業者よりも多くのお客さんの支持を得て、市場でシェアを伸ばし独占的な事業者になったとしても、そのこと自体は独禁法上何の問題はない、というか、それが競争そのものです。**自分の商品・サービスの価格・品質でお客さんに選ばれているということであれば問題ではなくて、問題なのは、人為的に競争事業者を排除するような行為をして競争事業者に勝とうとすることです。**つまり、独占の方向に向かっていくような人為的な競争制限行為が私的独占として禁止されているということです。

　独禁法の規定では、私的独占は、他の事業者と結合・通謀して行う行為も対象なのですが、通常は、事業者が単独で行う行為をイメージしていただいて、なんらかの方法で、他の事業者の事業活動を排除または支配する、それによって一定の取引分野における競争を実質的に制限することです。**不当な取引制限は、競争を止めよう、競争を回避しようという行為ですが、私的独占は、競争を抑え込むことで競争をなくすという競争制圧的な行為**です。私的独占は、競争相手を市場から排除したり、新規参入者を妨害することで競争を実質的に制限するという**排除型私的独占**と、他の事業者の事業活動に制約を加えて市場を支配するという**支配型私的独占**に分けられ

21

まして、排除型私的独占に関しては、**排除型私的独占ガイドライン**（「排除型私的独占に係る独占禁止法上の指針」）が公表されています。

(3) 不公正な取引方法

　次に、不公正な取引方法には、①独禁法自体に定められている行為と②独禁法の規定に基づいて公正取引委員会が指定する行為があります。もともとは、②の独禁法の規定に基づいて公正取引委員会が指定するものだけだったのですが、平成21年の独禁法の改正で不公正な取引方法の一部が課徴金（6 (2)で出てきます）の対象になったとき、対象行為である不公正な取引方法が独禁法自体に具体的に規定されました（①）。このため、形式的には2つに分かれることになりましたが、この前後で不公正な取引方法の対象となる行為の範囲に変わりはありません。

　①の独禁法自体に規定されている不公正な取引方法は、共同の取引拒絶、差別対価、不当廉売、再販売価格の拘束、優越的地位の濫用の5つです。その他は、これら5つのほかに一般的な形で独禁法に規定されているもののいずれかに当たる行為であって、公正な競争を阻害するおそれ（公正競争阻害性）があるものから、公正取引委員会が不公正な取引方法に当たる行為として指定するものです。 この公正競争阻害性については、**第5回**で説明します。

[図表2-5]　不公正な取引方法の種類

①	独禁法自体で規定されている行為 （法定5類型） ・　共同の取引拒絶 ・　差別対価 ・　不当廉売 ・　再販売価格の拘束 ・　優越的地位の濫用
②	独禁法に規定されている①以外のものに該当する行為であって公正な競争を阻害するおそれ（公正競争阻害性）のあるもののうち公正取引委員会が指定するもの

公正取引委員会の指定には、すべての業種に適用される一般指定と特定の業種のみに適用される特殊指定があります。

　一般指定では、たとえば、「その他の取引拒絶」、「取引条件等の差別的取扱い」、「抱き合わせ販売」、「排他条件付取引」、「拘束条件付取引」などが「不公正な取引方法」という名称の公正取引委員会告示で指定されています。さらに、より具体的にどのような行為が不公正な取引方法に該当して独禁法上問題となるかについては、**流通・取引慣行ガイドライン**、**不当廉売ガイドライン**、**優越ガイドライン**、**フランチャイズ・ガイドライン**、**農協ガイドライン**などさまざまなガイドラインが作成、公表されています。

　また、不公正な取引方法の1つである優越的な地位の濫用に関連して、**下請法**（下請代金支払遅延等防止法）が独禁法の補助立法として制定されています。この法律は活発に運用されていて、最近では、デジタル・プラットフォーム事業者、フリーランスなどの人材と競争政策、働き方改革をめぐる下請業者への押し付けの問題などを通して一層注目されています。

（4）　不当な取引制限、私的独占と不公正な取引方法の関係

　ところで、これら不当な取引制限、私的独占と不公正な取引方法は、どのような関係にあるのかということについては、私は、次のように整理することで、「分かった！」という気持ちになっているのですが、どうでしょうか。

　まず、すべての競争制限行為は、①カルテル、入札談合のような競争事業者間で競争を回避する行為と、②その他の競争制限行為の2つに分けられます。独禁法では、①は不当な取引制限、②は私的独占に当たります。

　そして、①の、競争事業者間で競争を回避する行為は、通常、競争制限効果を生じるので、その行為を行った場合には直ちに不当な取引制限として違法と判断されます。

　一方、②のその他の競争制限行為には、さまざまな行為が含まれますので、通常、競争制限効果と競争促進効果の両面から検討して、一定の行為を行ったら直ちにではなく、その行為によって「一定の取引分野における競争を実質的に制限する」こととなる場合には禁止されます。

　ただ、②のその他の競争制限行為の中にも、競争制限効果を生じさせる

可能性の高い行為があります。このような行為を特定して、実際の競争制限効果が比較的低い段階から禁止することとしたのが不公正な取引方法です。不公正な取引方法は公正競争阻害性のある行為で、公正競争阻害性というのは「競争を実質的に制限する」よりも競争制限の程度が低い段階を示しているものです。独禁法は競争の実質的制限を生じさせる可能性が高い行為や、公正な競争秩序確保の観点からみて不適当な行為は、競争阻害の程度がさほど高くない段階であっても、これを禁止することとしています（**高知県農協事件**（東京高裁判決令和元年 11 月 27 日））。そして、こうした行為が不公正な取引方法として明示されることで、規制の透明性が向上することになります。

　「（一定の取引分野における）競争を実質的に制限する」について詳しくは、次回**第 3 回**で説明します。

[図表2-6] 不当な取引制限と私的独占と不公正な取引方法

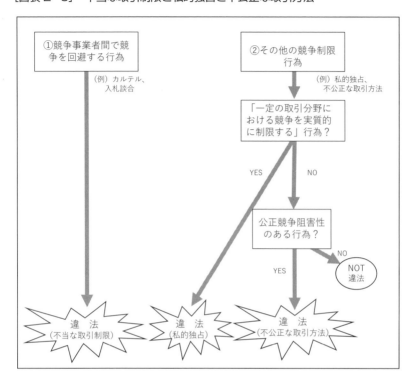

 6　独禁法違反行為に対する措置

（1）　排除措置命令、確約計画認定など

　このような独禁法違反行為があった場合にどのような措置がとられるか、ですが、公正取引委員会が審査（違反事件の調査のことを「**審査**」とも呼んでいます）をして、この**審査の結果、独禁法に違反する行為があると認められた場合には、排除措置命令を行います**。排除措置命令は、違反行為を止めることやその他必要な措置を命じる行政処分です。処分というのは、行政手続法で、行政庁の処分その他公権力の行使に当たる行為、と定義さ

れていまして、行政処分は、行政庁の行為のうち、その行為によって直接、国民の権利義務を形成したり、その範囲を確定することが法律上認められているものです。

また、**確約手続によって事件を解決することもできます**。公正取引委員会が審査を行った上で、独禁法に違反する事実があると考える場合に、公正取引委員会から事業者に違反被疑行為に関する通知をして、その違反被疑行為を排除するために必要な措置の実施に関する計画、これを**確約計画**といいますが、事業者がこの確約計画の申請をして、公正取引委員会がこれを認定する、というものです。この確約計画認定も行政処分に当たります。ただ、入札談合、価格カルテルなどのハードコア・カルテルや、過去10年以内に行った違反行為と同一の違反行為の繰り返し、そして、刑事告発相当の悪質かつ重大な違反被疑行為は、確約手続の対象にはなりません。

入札談合の場合には、公正取引委員会の審査によって事業者の間で入札談合があったことが認められ、さらに、いわゆる官製談合があると認められた場合には、入札談合を行った事業者に対する排除措置命令や課徴金納付命令に加えて、入札談合等関与行為防止法（マスコミなどでは官製談合防止法ともいわれています）に基づいて、公正取引委員会は、国や地方公共団体などに対して改善措置を要求します。

その他、さまざまな独禁法に違反する疑いのある行為などに対して、警告や注意も行っています。

[図表2-7]　確約手続の概要

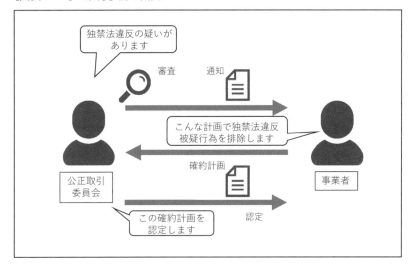

（2）　課徴金納付命令

　価格カルテル、数量制限カルテル、入札談合などの不当な取引制限や、私的独占、一部の不公正な取引方法については、課徴金納付命令も行います。また、事業者が課徴金納付命令の対象となる不当な取引制限に自ら関与していた場合に、その**違反の内容を公正取引委員会に自主的に報告する**と、**課徴金が免除・減額されるという課徴金減免制度**もあります。

　この課徴金納付命令は、独禁法などで定められた次のような一定の算式に従って計算された課徴金額を国庫に納めるよう命じる行政処分です。

[図表2-8]　課徴金算定式

課徴金額＝（対象商品・役務の売上額または購入額＋密接関連業務の対価） 　　　　　×課徴金算定率＋談合金等の財産上の利益 　　　　　－課徴金減免制度による減免

　課徴金算定率は、違反行為の内容や、大企業か中小企業か、によって異なりますが、たとえば、大企業であるメーカーが価格カルテルを行った場

合の課徴金算定率は、10％です。また、不当な取引制限の違反の場合、違反行為を繰り返したり、違反行為で主導的な役割を果たした場合には、課徴金算定率が高くなります。

　カルテルや入札談合を行っていた事業者が、その違反の内容を公正取引委員会に自主的に報告した場合には、課徴金が減免されるというのが、**課徴金減免制度**です。減免の申請順位に応じた減免率と、事業者の実態解明への協力度合い（事業者が自主的に提出した証拠の価値）に応じた減算率が定められています。たとえば、**公正取引委員会が調査を開始する前に最初に減免を申請した場合は全額免除**で、課徴金納付命令は行われません。同じく**調査前の2番目**だと申請順位に応じた減免率が20％、それに**協力度合いに応じた減算率が上限40％**まで付加されます。

　カルテルや入札談合は違法だということは、みんな知っていますので、あえてこれを行おうとする人たちは、秘密を厳に守りながら続けていくということになります。なので、**外からこれを発見するのはなかなか難しい**。そこで、こうした違反行為を事業者自らが報告することを促す仕組みによって、違反行為の発見・解明が容易になります。また、実態解明への事業者の協力度合いに応じて課徴金の減算をするという仕組みによって、公正取引委員会の調査に事業者が協力するインセンティブが高まって、**事業者と公正取引委員会の協力による効率的・効果的な実態解明と事件処理がより行われる**ようになります。課徴金減免制度は、こうしたことを目指しているものです。課徴金減免制度を含め課徴金納付命令について詳しくは、次回**第3回**に。

(3)　刑事罰

　独禁法違反行為のうち、不当な取引制限や私的独占など**重大な違反行為に対しては、刑事罰も設けられています**。刑事罰は個人にも課されます。また、重大な独禁法違反行為である不当な取引制限、私的独占などの罪については、公正取引委員会の告発がないと検察庁は起訴することができないと独禁法で規定されています。これを「**公正取引委員会の専属告発**」といいます。刑事罰が相当だとして公正取引委員会が調査や告発をするのはどのような事案かということについては、**告発方針**（「独占禁止法違反に対

する刑事告発及び犯則事件の調査に関する公正取引委員会の方針」）が公表されています。不公正な取引方法には、刑事罰の規定はありません。

(4) 民事訴訟

加えて、独禁法違反行為によって被害を受けた者（被害者）は、違反行為者に対して、損害賠償請求をすることができます。この損害賠償請求は、**民法の不法行為の規定**に基づいて行うこともできますし、**独禁法に無過失賠償責任などを定めた特別な規定**が置かれていて、これに基づいて行うこともできます。また、不公正な取引方法については、これによって著しい損害を受けたり、受けるおそれがある消費者・事業者などの被害者は、裁判所に対して、その行為の差止めを請求することができるという**差止請求権**も規定されています。

7 企業結合規制

次に企業結合規制についてです。

会社の株式取得、合併、分割、共同株式移転、事業の譲受けなどを総称して「企業結合」と呼んでいます。こうした企業結合によって、一定の取引分野における競争が実質的に制限されることとなる場合、その企業結合を禁止するのが企業結合規制です。

[図表2-9] 企業結合

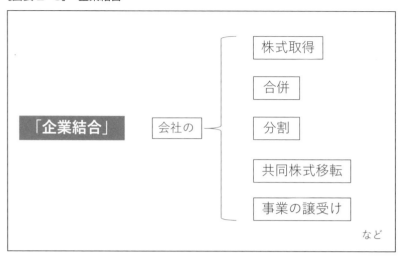

　国内売上高などといった**一定の条件を満たす企業結合には、届出義務が
あります**。公正取引委員会は、主として、届出のあった企業結合について
一定の手続に従って審査を行います。企業結合が独禁法に違反するかどう
かの考え方については、**企業結合ガイドライン**（「企業結合審査に関する独
占禁止法の運用指針」）、また、企業結合審査の手続に関しては、**手続対応
方針**（「企業結合審査の手続に関する対応方針」）が公表されています。
　ところで、この企業結合、英語だと「M&A（Mergers and Acquisition）」
ですよね。M&Aという英語から「企業結合」という日本語訳になるとい
うのは、なかなか考えにくいわけですが、実は**ドイツ語**では、これにピッ
タリのいい方をしています。「Unternehmenszusammenschluss（ウンター
ネーメンズ・ツザメンシュルス）」といいまして、**Unternehmen が企業、
Zusammenschluss が結合で、まさに「企業結合」なんです**。というこ
とは、この「企業結合」という日本語は、ドイツ語からの翻訳なのでしょ
う。世界の法律は、大陸法系と英米法系に大きく分けられまして、日本の
法律は、大陸法系ということもあって、また、明治時代からドイツの法律
を多く学んできたこともあって、ドイツ語から翻訳された法律用語がたく
さんありますが、この「企業結合」もその1つでしょう。

8　第２回の最後に２つ

（1）　独禁法違反事件の処理手続──現と前と元

　実は、独禁法の違反事件の手続は、平成 17 年（2005 年）の独禁法改正と平成 25 年（2013 年）の改正の２度の大きな改正がありまして、独禁法に接する中では平成 17 年改正以前の判決や審決も出てきて、これらの中では今の手続では使われていない用語が出てきますので、これらの手続の主な流れを簡単に説明します。

　［図表 2 - 10］をご覧ください。

［図表 2 - 10］　独禁法違反事件の手続

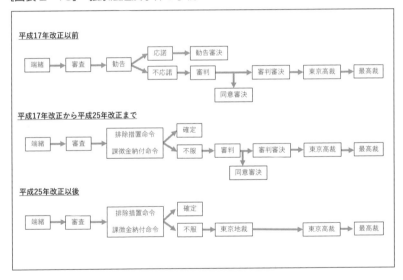

　平成 17 年改正以前と書かれているところを見てください。昭和 22 年（1947 年）に独禁法が施行されてから平成 17 年改正までは、ずっとこの手続だったのです。独禁法に違反する疑いに関する事件の調査を開始する手

掛かりとなる情報を「端緒」といいまして、この端緒を得て審査を進めた結果、独禁法に違反すると認められると、まず、事業者に対して「勧告」をします。具体的には「勧告書」を渡します。そして、そのとおりですと事業者がこれを応諾すると、公正取引委員会は、この勧告と同じ内容の審決を行って事件は終了します。これを「勧告審決」といいます。事業者が勧告に不応諾、つまり応諾しないと、公正取引委員会の中で審判手続を行い、その結果、審決が出されます。これを「審判審決」といいます。この審判手続の中で、事業者が違反事実と法令の適用を認めて申出があると、「同意審決」というかたちで事件が終了することもあります。審判審決に不服がある場合には、東京高裁、さらに最高裁と司法手続が進むことになります。そして、課徴金納付命令は、審決（勧告審決、審判審決、同意審決）が行われた後に算定をして出されていました。

平成17年の改正後は、審査を行った後、公正取引委員会は排除措置命令を出し、課徴金の対象となる違反行為の場合は同時に課徴金納付命令も出し、事業者側に不服がなければこれらの命令が確定しますが、双方またはいずれかの命令に不服がある場合には審判手続が行われるというようになりました。それ以後の手続は平成17年改正前と同じです。平成17年改正前は、審決という行政処分が出る前に審判手続が行われたので「事前審判」、平成17年改正後は、命令という行政処分が出された後に審判が行われたので「事後審判」と呼ばれていました。

さらに、平成25年の改正によって審判手続が廃止されました。事業者が命令に不服がある場合には直ちに東京地裁に取消訴訟を提起し、東京地裁の判決にさらに不服であれば、東京高裁、最高裁と司法手続が進んでいくことになりました。

(2) なぜ、企業結合規制は事前規制なのか

経済的規制は、一般的には、事前規制から事後規制へといわれています。しかし、企業結合規制は、日本だけでなく世界的に事前の届出義務と企業結合を実施する前の審査という事前規制で、そうでないとまともな企業結合規制とはいえないというのが共通理解になっています。

企業結合規制は世界各国とも事前規制なのは、なぜなのでしょう？

独禁法では、不当な取引制限、私的独占、不公正な取引方法などが禁止されていますが、これらは競争を制限する「行為」ですので、こうした「行為」を止めさせれば競争を回復することができます。たとえば、同業者が話し合って販売価格を決めるという価格カルテルの場合、話し合って決めるという「行為」をやめさせて各事業者が独自に価格設定をするようにすれば、通常、競争が回復します。

　一方、たとえば合併を考えると、企業結合規制で禁止することになるのは、合併という「行為」によって競争制限的な市場の「構造」が生まれる場合です。こうした「構造」が生まれたときには合併という「行為」は終わっていますし、後になって合併前の状態に戻させる、すなわち、**事後にこれを排除・解体することには難しいものがあります。**

　たとえば、マンションの建築を考えますと、とりあえずマンション（建築物）を自由に作ってもいいことにして、後でそのマンションの設計や構造に問題が見つかったら、改修させたり、場合によっては解体させるというやり方では、当事者にとってだけでなく社会的にもそうしたコストは甘受しがたいでしょう。このため、建築物などの建築計画が建築基準法や建築基準に関係する規定に適合しているかどうかは、着工前（事前）に審査されます。これを「建築確認」といいます。建築確認を着工前（事前）に行うのは、着工後、つまり事後に法令違反を発見して是正を求めるよりも事前に建築計画を確認するほうが合理的だからです。

　企業結合規制は、これと同じで、事前届出制と事前の審査・措置という仕組みがとられているということです。

カルテルや入札談合

第3回

●CONTENTS●

はい、では、**第3回**を始めましょう。

最初に、2つ事件を紹介します。

まず最初は、令和元年7月30日に公正取引委員会から報道発表された**アスファルト合材の製造販売業者に対する排除措置命令と課徴金納付命令**です。

道路や空港などで黒色に舗装されているところがアスファルト舗装で、これは、アスファルト合材（石油アスファルトに砕石、砂、石粉などを配合した混合材料）を敷きならして固めたものです。

で、このアスファルト合材の製造販売業者である9社が本件の違反行為者で、この9社の部課長級の者が9社会を開催するなどして、アスファルト合材の原材料の石油アスファルトの価格動向とか各社のアスファルト合材の販売価格の引上げ時期とか引上げ幅などについて、以前から情報交換をしていたようなのですが、遅くとも平成23年（2011年）3月以降に、9社会で、**販売価格の引上げを行うかどうか、行う場合にはその時期や幅についての方針を確認し合ったり、引上げを行うために本店から全国の合材工場の工場長に近隣の同業者の工場長と調整しながら価格引き上げ交渉を**

行うよう指示したりして、価格の引上げ幅などは地域の状況に応じて調整したりしながら販売価格の引上げを行っていたというものです。さらに、9社は、この合意が発覚しないようにするため、話し合った内容は記録しないとか、それを書いた書面等には「用済み廃棄」などと注記したりしていました。

　こうした行為は何に当たるかというと、そう、**不当な取引制限（カルテル）**ですね。そして、**総額約 399 億円の課徴金の納付**が命じられました。

　次の事件は、令和元年 9 月 26 日に報道発表されたもので、**アルミ缶とスチール缶の製造販売業者らに対する排除措置命令と課徴金納付命令**です。

　この事件のアルミ缶とかスチール缶は缶ビールなどの缶ですが、アルミ缶の製造販売業者である 4 社が安値によって商権（各社のアルミ缶の既存の取引先）を奪い合ったりせず、販売価格を維持しようと合意して、見積価格を提示する場合には商権を奪うような低い価格は提示しないとか、アルミ缶の原材料価格等が変動した場合には価格改定の方針を決定して、その改定幅や時期などについて情報交換や調整を行っていたというものです。スチール缶についても 4 社が同じようなことを行っていました。

　これも不当な取引制限（カルテル）に当たりますので、**アルミ缶については総額約 204 億円、スチール缶については総額約 53 億円の課徴金の納付**が命じられました。

　独禁法違反行為がみつかると、そうした行為は止めなさいなどと命じる排除措置命令が行われますし、重大な独禁法違反行為には刑事罰の規定もありますが、**不当な取引制限には、課徴金納付命令も行われ**まして、今挙げた事件でのように**相当な額の課徴金が命じられて**います。カルテルや入札談合などの不当な取引制限に対する措置としては、この課徴金納付命令が最も重要な手段となっていますので、まず、この課徴金納付命令について説明しましょう。

1　課徴金納付命令

課徴金制度が導入されたのは昭和52年（1977年）の独禁法改正のときですが、カルテルや入札談合などの不当な取引制限に対処する上での最も重要な手段というとおり、特に1990年代以降何度も強化改正が行われてきました。直近でも、**課徴金制度の見直しを主な内容とする令和元年（2019年）改正独禁法が令和2年（2020年）12月25日に完全施行し**ています。

（1）　対象

　課徴金の対象は独禁法違反行為のすべてではないのですが、不当な取引制限だけでもなくて、私的独占と一定の不公正な取引方法（共同の取引拒絶、差別対価、不当廉売、再販売価格の拘束、優越的地位の濫用）も対象です。これらのうち、優越的地位の濫用以外の不公正な取引方法は10年間で2回目に違反をした場合に課徴金の対象になります。こうした、**違反行為の疑いで公正取引委員会が審査を行った結果、課徴金の対象となる違反の事実が認められた、違反の事実が立証されたという場合には、「だけど課徴金を命じるのはやめとこう」ということはできません。公正取引委員会には裁量の余地はない**ということで、その場合は必ず課徴金を命じなければなりません。

　不当な取引制限以外でも課徴金の対象にはなり得ますが、不当な取引制限に対する課徴金がこの制度の基本ですので、**以下、不当な取引制限への課徴金に絞って説明します。**

　ちなみに、課徴金の対象になるのは不当な取引制限のすべてではなくて、価格カルテルや入札談合のような対価に係るものと、数量制限カルテル、シェアカルテル、取引先制限カルテルのように、供給量・購入量や市場占有率、取引の相手方を実質的に制限することによってその対価に影響することとなるものです。

(2) 算定方法

　第2回でもいいましたとおり、課徴金の算定式は、

[図表3-1]　課徴金の算定式

課徴金額 ＝（対象商品・役務の売上額または購入額＋密接関連業務の対価） 　　　　　×課徴金算定率＋談合金等の財産上の利益 　　　　　－課徴金減免制度による減免

です。

　以下、これらのそれぞれを順次説明します。

ア　対象商品・役務（サービス）の売上額

　カルテル・入札談合などの不当な取引制限の課徴金の算定基礎は、まずは、カルテルなどの対象である商品や役務（サービス）の売上額または購入額です。購入カルテルの場合は購入額になりますが、事件のほとんどは販売でのカルテルですので、売上額について以下説明しますと、**公正取引委員会の調査開始日の10年前の日以降で、違反行為の実行としての事業活動を行った日からその行為の実行としての事業活動がなくなる日までの期間（実行期間）の売上額を算定します。**

　この実行期間（違反行為の実行としての事業活動が行われた期間）というのは、違反行為が行われた期間とは異なっています。

　[図表3-2] をご覧ください。

第3回

カルテルや入札談合

[図表3-2]　違反行為と実行期間

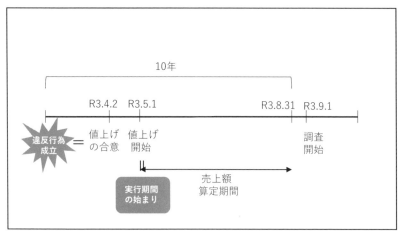

　3社が商品Aの価格引上げについて令和3年4月2日に話し合って、5月1日から10％の引上げをすることで合意して、5月1日に値上げをしたという場合、4（7）でまた説明しますが、カルテルや入札談合では合意したら即違法・即既遂になりますので、違反行為は4月2日に成立したことになりますが、課徴金の対象期間である実行期間は値上げをした5月1日が始期ということになります。そして、たとえば、このカルテルの疑いで公正取引委員会が令和3年9月1日に立入検査をしたため、この9月1日以降には違反行為が行われていなくて、合意がこの日以降事実上消滅したと認められる場合には、実行期間の終期はその前日の8月31日で、5月1日から8月31日までの商品Aの売上額を算定します。
　この対象となる商品・役務は、カルテルや入札談合の合意の対象である商品・役務です。これこれの商品・役務について価格引上げをしようと合意をした場合を考えると、その合意の対象である商品・役務であれば、合意の対象から明示的または黙示的に除かれると考えられる特段の事情がない限り、対象の商品・役務となります。**合意の対象である商品・役務であれば、特段の事情がなければ対象となる**ということです。
　ところで、同じ不当な取引制限ではありますけれども、カルテルと入札談合では違反行為のやり方が異なります。

たとえば、価格カルテルの場合、典型的には、複数の事業者が話し合って、ある商品の価格をたとえば7月から10％引き上げることで合意すると、あとは各社それぞれがそれぞれの取引先と価格10％引き上げの交渉を進めます。交渉がうまく進まない場合には、各社の交渉状況について意見交換をしながら交渉を進めることもありますが、必ずしもそれは必須ではなくて、7月から各社それぞれ販売価格を10％引き上げて、10％引き上げた価格での販売を続けるということになります。**すなわち、最初に一定時期から一定率の価格の引上げをしようと合意したら、それ以降は、基本的には各社ごとの対応になりますので、合意以降に改めて話し合いをする必要はありません。**

　一方、入札談合の場合は、価格カルテルのように最初に合意をすれば後は各事業者ごとの行動というわけにはいきません。たとえば、令和元年7月11日に排除措置命令と課徴金納付命令が出された**東京都が発注する浄水場の排水処理施設運転管理作業の見積り合わせ参加業者による談合事件**の違反行為者は4社ですが、この4社は、第一に、複数ある浄水場ごとに既存業者（既にその浄水場の排水処理施設運転管理作業を請け負っている者）を受注予定者として、受注予定者以外の者は受注予定者が受注できるように協力するということを合意しています。そして、第二に、受注予定者が提示する見積価格は、受注予定者が定めて、受注予定者以外の者は受注予定者が連絡した価格以上の見積価格を提示するというやり方で、受注予定者を決定し、受注予定者が受注できるようにしていました。入札談合というのは、官公庁が行う競争入札で入札参加者の間で受注すべき者を決定して、受注すべき者以外は受注すべき者が受注できるよう協力することですが、これをうまく実現するためには、第一に、4社は、東京都が発注する浄水場の排水処理施設運転管理作業についてそれぞれの浄水場の既存業者が受注予定者になるというルールで談合をしましょうということで合意（基本合意）しましたが、これだけでは足りず、東京都が行う個々の発注ごとに、このルールどおりに受注予定者が決まるようにしなければなりません。このため、第二に、個々の浄水場についての発注があったら、それぞれの発注ごとに合意したルールどおりに既存業者が受注予定者になるように各事業者は具体的に受注予定者を決めていた（個別調整）ということ

です。

[図表3-3] カルテルと入札談合の違い

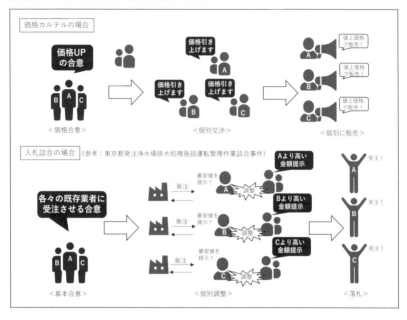

　入札談合では、対象となる商品・役務が基本合意で特定されたとしても、個別に入札が実施されるので、基本合意で発生した効果（競争制限効果）が当然に各商品・役務に及ぶということには必ずしもなりません。このため、入札談合で対象となる商品・役務は、基本合意で対象となった商品や役務の全体のうち、基本合意に基づいて行った個別調整の結果、具体的な競争制限効果が発生するに至ったものということになります。つまり、個々の入札物件ごとに競争制限効果が及んでいるかどうかが判断されるということではありますが、個々の入札物件ごとの調整の具体的な経緯などが明らかでなくても、問題の入札物件の商品・役務がその入札談合の基本合意の対象の範囲内であって、これについて受注調整が行われたことと、違反行為者が受注したことが認められれば、特段の反証がない限り、個別の入札物件において競争制限効果が発生したものと「推認」されます。

ここまでは、カルテルや入札談合の対象である商品・役務の違反事業者の売上額について話を進めてきましたが、これに加えて、違反事業者から指示や情報を受けた「完全子会社等」の売上額も算定基礎に入ります。

　この「違反事業者から指示や情報を受けた一定のグループ企業（完全子会社等）の売上額」は、**供給カルテルと購入カルテルに分けて規定**されていまして、**とっても複雑な条文になっています。**この講義では条文番号とかはほぼ出てこないというのが売りですので、ここでは、供給カルテルについての［図表3-4］で説明します。**購入カルテルはこの逆**ということでご理解ください。

［図表3-4］　違反事業者から指示や情報を受けた完全子会社等の売上額の算定

　といいながら、［図表3-4］もかなり複雑ですが、後で簡単に説明しますので、しばしお待ちを。

　その前に、いろいろな新しい用語が登場していますので、まずは、それらについて説明します。

　まず、**「子会社等」**というのは、議決権の過半数を有するという関係でつながっている子会社、親会社、兄弟会社です。

　「供給子会社等」は、違反行為をした事業者の子会社等であって、かつ、違反行為の対象である商品・役務を供給したものです。

「供給子会社等」は、さらに、「違反供給子会社等」と「非違反供給子会社等」に分かれていますが、「違反供給子会社等」は、供給子会社等であって、かつ、違反行為をした事業者と一緒に同じ違反行為をしたもの、「非違反供給子会社等」は、供給子会社等ですが違反行為はしていないものです。

そして、「完全子会社等」は、議決権を100%有しているという関係でつながっている子会社、親会社、兄弟会社で、「特定」の付いた「特定非違反供給子会社等」は、非違反供給子会社等（供給子会社等ですが、違反行為はしていないもの）のうち、違反をした事業者と完全子会社等の関係にあって、かつ、違反行為の対象である商品・役務の供給について違反行為をした事業者から指示を受けたり、情報を得た上で、それらに基づいてその商品・役務を供給したものです。

では、改めて［図表3-4］をみてください。

実際の取引や違反行為を考えるといろいろなパターンが想定されるので、複雑な条文になっていて、かつ、この図にはその複雑な条文を反映したすべてが書き込まれているため複雑になっていますが、**この図で重要なのは、違反行為者Xから最終需要者に伸びている真ん中の①の矢印の売上額と、特定非違反供給子会社等であるX4から伸びている②の矢印の売上額の2つです。**とりあえず、この2つ以外は無視しましょう。

この供給カルテルの違反行為者であるXが最終需要者向けに生産・販売した売上（①の矢印）は、当然、課徴金の算定基礎になります。しかし、違反事業者であるXは、自らは、この商品の生産や販売を行っていなくて（つまり、Xから最終需要者に伸びる矢印（①の矢印）がなくて）、グループ会社のX4がその商品の生産や販売を行っていて、違反事業者であるXがX4にカルテルで合意された販売価格を指示しますが、X4はそのカルテルの存在は知らず、単に指示どおりの価格で販売したという場合には、カルテルや入札談合の対象である商品・役務の違反事業者の売上額のみが算定基礎になるということですと、違反行為者Xにはこの商品の売上がないので、Xは違反行為者であるにもかかわらず課徴金はかかりませんし、X4についても違反行為者ではないので課徴金はかかりません。

これはおかしいですよね。そこで、違反行為者であるXがカルテル合

意に基づいて価格等を指示して、これに基づいて供給した X4（特定非違反供給子会社等）の売上額（②の矢印の売上額）が違反行為者 X の算定基礎となりまして、X に課徴金が課されることになります。

イ　密接関連業務の対価と談合金等の財産上の利益

　以上に加えて、**入札談合で協力する代わりに下請受注をすることで得た売上など違反対象である商品・役務に密接に関連する業務（密接関連業務）の対価、そして、違反行為への協力の見返りに受けた談合金等の財産上の利益も課徴金の算定基礎になります**。この後、課徴金算定率について説明しますが、以下の課徴金の算定式（[図表 3-1]・再掲）をみると分かるように、後者の談合金等には課徴金算定率をかけることにはなっていなくて、そのまま全額が課徴金額になります。

[図表 3-1]　課徴金の算定式（再掲）

> 課徴金額 ＝(対象商品・役務の売上額または購入額＋密接関連業務の対価)
> 　　　　　×課徴金算定率＋談合金等の財産上の利益
> 　　　　　―課徴金減免制度による減免

ウ　課徴金算定率

　不当な取引制限の課徴金算定率は、原則 10％、中小企業については4％です。中小企業かどうかは、資本金と従業員数で決まるのですが、大企業グループに属する違反事業者が中小企業算定率を適用されるというのは適切ではないので、この中小企業の軽減算定率が適用されるのは、違反事業者とそのすべての「子会社等」が中小企業に該当する場合、要は、その事業者の属する企業グループに大企業が 1 社も存在しない場合の違反事業者に限定されています。

エ　累犯加重

　また、不当な取引制限で課徴金の納付を命じる場合に、その違反行為の立入検査などを実施した日、すなわち**調査開始日から遡って 10 年以内に、不当な取引制限または私的独占で課徴金納付命令を受けたことがある場合**

には、課徴金の算定率は 1.5 倍になります（累犯加重）。これは、課徴金納付命令を受けても独禁法違反行為を繰り返す事業者が多かったことから導入されました。

オ　主導的役割

不当な取引制限に関して、主導的役割を果たした事業者についても課徴金は 1.5 倍に割増されます。調査妨害行為を要求することなども主導的役割に当たります。

カ　除斥期間

独禁法に違反する行為がなくなった日から一定の期間を過ぎると課徴金納付命令や排除措置命令を行えなくなります。この期間を「除斥期間」といいまして、7 年です。この除斥期間は、何度かの独禁法改正で長くなってきています。平成 29 年 3 月 15 日に公正取引委員会から報道発表された欧州国債の取引を行う事業者に対する件では、当時の除斥期間が 5 年で、これを過ぎていたので、命令を出すことができず、警告にとどまりました。このため、令和元年の独禁法改正で 5 年から 7 年になりました。

ここで余談ですが、「立法事実」という言葉があります。これは、法律を基礎付ける社会的な事実で、法律の必要性や正当性を根拠付けるものです。**法律を制定したり改正したりするのには、相当なコストと時間を要しますので、その際には、なぜ法律を制定・改正してまで対応する必要があるのかということに答えられなければなりません。**法律の制定や改正が必要となるのは、通常ですと、これこれという具体的な問題があって、それは解決を要する課題ではあるものの、それに対処するためには、その他の方法では困難だったり十分ではなかったりで、したがって、これこれの法律の制定や改正が必要という場合で、ここでの**「これこれという具体的な問題」という事実が「立法事実」になります。**こうした問題、すなわち立法事実がなければ、あえて法律の制定や改正に労力をかける必要はないわけです。

で、この欧州国債の取引を行う事業者に対して除斥期間の関係で警告しかできなかったという事実は、除斥期間を 5 年から 7 年に改正する「立法

事実」ということです。

2　課徴金制度の趣旨

　これまで課徴金制度の内容について説明してきましたが、では、その趣旨はなんでしょうか。

　これについては、不当利得の剥奪であるという見解もありましたが、平成17年（2005年）の独禁法改正法案の審議の中で内閣法制局長官から、課徴金制度は違反行為を防止するという行政目的を達成するために行政庁が違反事業者等に対して金銭的不利益を課す行政上の措置であるという国会答弁があったり、**機械保険連盟料率カルテル事件**（最高裁判決平成17年9月13日）で、課徴金の制度は、カルテルの摘発に伴う不利益を増大させてその経済的誘因を小さくして、カルテルの予防効果を強化することを目的として、既存の刑事罰の定めやカルテルによる損害を回復するための損害賠償制度に加えて設けられたものとの判断が示されたことから、**課徴金を課す目的は「違反行為の抑止である」**という理解が今では定着しています。

3　課徴金減免制度

　さて、次は、課徴金の算定式の最後のところにある課徴金減免制度です。

　これは、自らの違反行為に関する事実を公正取引委員会に報告、つまり、①「私はこれこれの人たちとこれこれのやり方でカルテルとか入札談合とかをしました」と自ら公正取引委員会にいってきた事業者に対して課徴金額を免除したり減額したりして、さらに、②事業者が調査に協力する度合いに応じて減算率を付加するというもので、これによって、違反行為に関する情報を積極的に得られるようにすることと、事業者が調査に協力する

インセンティブを高めて、事業者と公正取引委員会が協力して効率的・効果的に真相解明と事件処理を行っていくことを目的としています。②の事業者が調査に協力する度合いに応じて減算率を付加する仕組みは、**調査協力減算制度**といいます。課徴金減免制度は平成17年の独禁法の改正で、調査協力減算制度は令和元年の独禁法の改正で導入されました。**課徴金減免制度は、リニエンシー制度とも呼ばれています。**

[図表3-5]　調査協力減算制度

調査協力減算制度 ＝ 事業者が調査に協力する度合いに応じて
　　　　　　　　　　減算率を付加する仕組み

　第2回でもいいましたが、カルテルや入札談合は独禁法違反だということはみんな分かっているので、あえてそれをしようという人たちは、厳に秘密を守りながら行っていくことになります。今回の冒頭で紹介した**アスファルト合材カルテル事件**では、カルテルが発覚しないようにするため、話し合った内容は記録しないとか、それを書いた書面等には「用済み廃棄」などと注記したりしていましたね。したがって、**カルテルや入札談合を外からみつけるのはなかなか難しい。**そこで、**合意の当事者の中から情報提供者が出るかもしれないという疑心暗鬼を利用して情報提供を得ようとするのがこの課徴金減免制度です。**これは、「ごあいさつ」のところでいいましたゲーム理論で登場する**囚人のジレンマを法制度に応用した成功例**でして、「法と経済学」が実際に役立った典型例ともいえるものです。

　この点について、『経済学を味わう——東大1、2年生に大人気の授業』（日本評論社、2020年）という本の第1章「経済学がおもしろい（ゲームの理論と制度設計）」で松井彰彦先生がとても分かりやすく解説してくれていますので、これに沿ってご紹介しますと、囚人のジレンマというのは、2人の囚人（容疑者）が取調べを別室で受けていて、2人とも黙秘をすれば証拠があがらなくて助かるのだけれど、どちらか（または両者）が自白をすれば罪が確定するという状況で、ただし、自分が先に自白をすれば自分の罪が軽減されて、相手が罪をかぶることになります。つまり、相手に自

白されると大損するので、相手に自白されるくらいなら自分も自白したほうがいいし、相手が黙秘をする場合でも自分が自白するほうが罪が軽くなります。こういう場合には、どちらのプレイヤーも自分が可愛いので結局自白を選んでしまいます。そして、独禁法の世界では**課徴金減免制度を通じて、談合に参加する企業たちをこの囚人のジレンマ的な状況に置くことができます**。つまり、企業は他の企業が通報していない状況で自分が通報すると、談合から足抜けができて、しかも課徴金が減免されるので、大きな利益を得ることができて、このとき、他の企業は大損をすることになります。また、**他の企業が通報して自分が通報しないと自分が大損するので**、談合が発覚することで自分だけでなく他の企業も不利益を被ることになるとしても、この状況では、**企業は自分可愛さのために、通報してしまう**という結果になるということです。

[図表 3-6]　課徴金制度による「囚人のジレンマ」状況

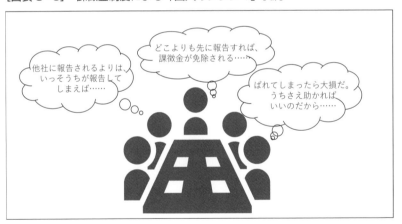

　ところで、先ほどもいいましたように、この課徴金減免制度では、[図表3-7]のとおり、**申請順位に応じた減免率と、事業者の実態解明への協力度合いに応じた減算率（調査協力減算制度）が規定**されていまして、たとえば、調査開始前の第2位の申請者の場合、申請順位に応じた減算率として20%、これに加えて協力度合いに応じて最大40%と最大計60%の減算

率を得られます。課徴金減免の申請者数に上限はありません。

[図表3-7]　課徴金減免率と協力度合いに応じた課徴金減算率

調査開始	申請順位	申請順位に応じた減免率	協力度合いに応じた減算率
前	1位	全額免除	
	2位	20%	＋最大40%
	3〜5位	10%	
	6位以下	5%	
以後	最大3社 (*)	10%	＋最大20%
	上記以下	5%	

（＊）　この減免率10％が適用されるのは、調査開始日前の減免申請者の数と合わせて5社以内である場合のみ。

　調査協力減算制度での事業者による協力の内容と公正取引委員会による減算率の付加は、両者の間で協議をして決めます。

　事業者から減免の申請があって、そして、調査協力減算制度による協議開始の申出があると、その事業者と公正取引委員会との間で協議を行います。事業者から協力内容が提示されて、公正取引委員会がそれに対する減算率を提示して、協力内容と減算率で合意ということになれば、協議が終了します。そして、この協議の結果に基づいて、事業者から証拠が提出されて、事業者が協議で提示した協力行為をそのとおり実施すると、公正取引委員会は、合意した減算率を適用した課徴金納付命令を行います。

　協議・合意の内容には、公正取引委員会からの追加報告等の求めに事業者は応じるということが含まれていなければなりません。また、調査協力減算制度による減算率として、たとえば20％といった特定割合で合意することも、上限と下限について合意することもできますが、公正取引委員会は、通常、上限と下限での合意をします。これは、公正取引委員会からの追加報告等の求めに応じるということなどで調査期間を通じた協力の内容が減算率に反映されるのは事業者にとっても有益なためです。

　では、事件の真相の解明に資する程度をどのように評価するのかですが、

[図表3-8] 事業者と公正取引委員会の協議

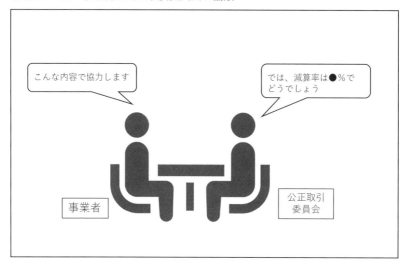

これについては、事業者が行った報告等の内容が、①具体的かつ詳細であるかどうか、②「事件の真相の解明に資する」事項について網羅的かどうか、そして③その事業者が提出した資料により裏付けられているかどうかの要素が考慮されます。そしてこれらの要素を満たす数に応じて、すべての要素を満たしていて、事件の真相の解明に資する程度が高ければ、独禁法に規定されている減算率の上限である40％（調査開始日前の場合。調査開始日以降だと20％）と減算率が決定されます。2つの要素を満たすときは中程度であるとして20％と10％、1つの要素を満たすときは低いとして10％と5％と減算率が決定されます（**協力減算ガイドライン**（「調査協力減算制度の運用方針」）に書いてあります）。

　この調査協力減算制度で必要となる継続的な協力は、抽象的なものではなくて、実際に公正取引委員会が質問したことに対して答え続けるといった行為が必要となります。企業としては、課徴金減免の申請をした後も、この制度に詳しい弁護士と協力しながら、新しい仕組みを十分に理解した行動が求められるということですね。

4 カルテル

　ここまで、カルテルや入札談合をすると課徴金が課されます、課徴金納付命令は、カルテルや入札談合などの不当な取引制限に対する措置として最も重要な手段ですということで、「課徴金納付命令って何？」ということを説明してきました。、では、「カルテルって何？」、「入札談合って何？」ということは、**第2回**で簡単には説明しましたし、課徴金納付命令の説明の中でも多少触れましたが、ここで改めて、「**カルテルや入札談合のような不当な取引制限とは？**」**について説明します**。といっても難しいお話をするするつもりはありませんのでお気軽にお付き合いください。先ほども触れたように、同じ不当な取引制限でもカルテルと入札談合には違いがありますので、まずはカルテルについて、続いてその他の入札談合をめぐるトピックについて説明します。

　繰り返しにもなりますが、**独禁法では、不当な取引制限、私的独占と不公正な取引方法を禁止、そして、企業結合を規制**していまして、これらは**独禁法の4本柱**といわれています。一方、欧州の競争法では一般的に、カルテル規制、単独行為規制と企業結合規制の3本柱と整理されています。また、**第1回**にお話ししました包括的競争法でも、カルテルを原則として禁止する規定、単独事業者による反競争的行為を規制する規定と企業結合を規制する規定の3つが競争法に不可欠の要素として挙げられていまして、つまり、どの分類でもカルテル規制はトップに位置付けられています。**カルテル規制は、各国の競争当局にとって共通の最重要課題ということです**。

（1）　カルテルと入札談合と受注調整

　ところで、一般的には「カルテル」とか「入札談合」とか「受注調整」とかいわれていますが、独禁法の禁止行為としてはいずれも「不当な取引制限」であることに変わりはありません。なので、独禁法違反という点からはこの3つを区別する必要はないのですが、従来から一般的に、複数の

事業者が連絡を取り合って、それぞれが製造したり市場で販売したりする商品・役務の価格などを取り決めることを「**カルテル**」、国や地方公共団体などが競争入札の方法で商品・役務を調達する場合に、入札に参加する事業者が事前に相談して受注者を決めて競争をやめてしまうことを「**入札談合**」と２つに分けていわれてきました。加えて、**最近では、民間企業が競争入札の方法で調達しようとしているときに受注予定者を決めたことが不当な取引制限に当たって独禁法に違反するという事件が増えてきました**ので、公正取引委員会の公表文などでは、買い手である調達者が国や地方公共団体などの官公需である違反事件を「**入札談合**」、調達者が民間企業である民需の違反事件を「**受注調整**」、そして「**カルテル**」と３分類で書かれていることがあります。これら３つは、あくまで便宜的な区分ですので、いずれであっても不当な取引制限として規制される行為であることに変わりはありません。

(2) 不当な取引制限

では、不当な取引制限って何でしょう。

独禁法では、不当な取引制限に当たる行為が例示されていまして、これによると、**事業者が他の事業者と共同して、何らかの方法で、対価を決定したり、維持したり、引き上げたり、数量や技術、製品、設備、取引の相手方を制限すること**でして、つまりは、複数の事業者がなんらかの方法で意思疎通をして、自分たちの販売価格をいくらにしようなどということを決めて実行することです。これを独禁法の規定での表現に沿っていうと、「事業者が他の事業者と共同して相互にその事業活動を拘束することによって、公共の利益に反して、一定の取引分野における競争を実質的に制限すること」ということになります。

不当な取引制限の対象は「事業者」で、この事業者については、既に**第２回**で説明しましたので、以下、「共同して相互に」、「拘束」、「公共の利益に反して」、「一定の取引分野」、「競争を実質的に制限すること」に分けて順次説明します。

が、その前に、ここでちょっと例外的に条文的なことをいいますと、不当な取引制限の禁止は、私的独占の禁止と一緒に、「事業者は、私的独占

又は不当な取引制限をしてはならない。」と3条で規定されているのですが、私的独占が前に、不当な取引制限が後ろに書かれているので、私的独占の禁止の部分は「3条前段」、不当な取引制限の禁止は「3条後段」と呼ばれています。ただ、法律の条文で一般に、前段、後段というときは、条文の中で文章が「。」で2つに区切られている場合に、最初の文を「前段」、後の文を「後段」というのが通常です。このため、この独禁法3条の前段、後段というのは一般的な呼び方とは異なりますが、独禁法の世界では、私的独占の禁止は「3条前段」、不当な取引制限の禁止は「3条後段」という呼び方が定着しています。

(3)　「共同して相互に」と「拘束」

　ここで、**多摩談合事件**（最高裁判決平成24年2月20日）を紹介します。これは、入札談合の事件なのですが、「共同して相互に」と「拘束」の考え方についての先例となっている判決ですので、ここで取り上げるのですが、本件は、**東京都新都市建設公社**（平成25年に東京都都市づくり公社に名称変更）が平成9年（1997年）10月から約3年間に指名競争入札の方法で発注した公共下水道工事等の受注について、ゼネコン33社が落札予定者と落札予定価格を取り決めていたというもので、不当な取引制限に当たって、独禁法違反となったものです。

　で、この判決でどのような考え方が示されたかといいますと、第一に、まず「拘束」については、①入札参加者などの各社は、本来的には自由に入札価格を決めることができるはずなのに、各社が話合い等によって入札での落札予定者と落札予定価格をあらかじめ決定して、落札予定者の落札に協力するという内容の取決め（本件の基本合意）に制約されて意思決定を行うことになる、②そういう意味で、各社の事業活動が事実上拘束される結果となることは明らかなので、本件の基本合意は、その事業活動を「拘束」するという要件を充足する、そして、第二に、「共同して相互に」については、本件合意の成立によって、各社の間にこうした取決めに基づいた行動をとることを互いに認識し認容して歩調を合わせるという意思の連絡が形成されたといえるので、本件の基本合意は、「共同して相互に」の要件も充足するということです。

ということは、「拘束」については、取決めに制約された意思決定を行うことになるということで事業活動が事実上拘束されること、「共同して相互に」とは、取決めに基づいた行動をとるという意思の連絡が形成されたということで、**要は「取決め」、すなわち「合意」があるかどうかが問題で、合意があれば、「共同して相互に」と「拘束」があるといえる**ということです。

　では、「意思の連絡」とか「合意」とは何でしょう？

　これについては、**湯浅木材事件**（審判審決昭和24年8月30日）と**東芝ケミカル審決取消請求事件**（東京高裁判決平成7年9月25日）が先例です。特に、湯浅木材事件は、昭和24年（1949年）という**独禁法が昭和22年に制定されてたった2年後に、今日でも通用する審決が出されている**ということに、私は感動すら覚えるのですが、どうでしょうか。

　で、その湯浅木材事件審判審決では、次のようにいっています。①共同行為が成立するというためには、単に行為の結果が外形上一致した事実があるだけでは十分でなくて、さらに進んで行為者の間に何らの意思の連絡が存在することが必要である、②本件におけるような事情、とこの審決ではいっていますが、この事情というのは、複数のいろいろな会合で、入札価格に関して雑談を交えたり、ある事業者が約1割増程度の価格で入札するのが適当と思う旨発言して、多くの業者がこれに和したりした結果、業者の間に一定の価格で入札しようとの空気がしだいに醸成されて、この空気が業者の間に伝わって、いずれの事業者もこの一般の空気を認識してこれと歩調をあわせる意思でその価格で入札する至ったということでして、このように、ある者が他の者の行動を予測してこれと歩調をそろえる意思で同一行動に出たような場合には、これらの者の間に「右に」いう意思の連絡があるものと認めるに足りるということです。

　ところで、ちょっと余談ですが、ここで「右に」とあるのは、審決書が当時縦書きだったからですね。現在、判決書はA4版横書きで、さらに、12ポイント、1行37字、1ページ26行と決まっているのですが、こうなったのは平成13年からで、平成12年までは、B4版の2つ折り、またはB5版で縦書きでした。公正取引委員会の審決書なども、このときに横書きになりましたが、**平成12年までは、勧告や審決などの法的措置の文書は縦**

書き、警告書などは横書きでしたので、法的措置のことを「縦書き」とも
いっていました。

　余談はこのくらいにしまして、最近では、平成7年9月25日の東芝ケ
ミカル審決取消請求事件（差戻審）東京高裁判決が「意思の連絡」「合意」
の考え方の先例としてよく引用されます。これによると、①意思の連絡は
複数事業者間でお互いに同内容または同種の対価の引上げを実施すること
を認識または予測して、これと歩調をそろえる意思があることを意味する、
そして、②一方の対価の引上げを他方が単に認識、認容するのみでは足り
ないけれども、事業者間相互で拘束し合うことを明示して合意することま
では必要ではなくて、③相互に他の事業者の対価の引上げ行為を認識して、
暗黙のうちに認容することで足りるということです。

　そして、不当な取引制限の行為があったというためには、なんらかのや
り方での「事前の連絡」と「事後の行動の一致」の2つがあれば足りる
ということです。

(4)　「公共の利益に反して」

　次に、「公共の利益」ですが、これは原則として独禁法の直接の保護法
益である自由経済競争秩序に反することを指すけれども、現に行われた行
為が形式的にこれに該当する場合であっても、この法益とその行為によっ
て守られる利益とを比較衡量して「一般消費者の利益を確保するとともに、
国民経済の民主的で健全な発達を促進する」という究極の目的に実質的に
反しないと認められる例外的な場合を不当な取引制限行為から除外すると
いうことです（石油価格協定刑事事件（最高裁判決昭和59年2月24日））。た
だ、この判決でもこれ以降も、公共の利益に反していないと認められた判
決はありません。

　「公共の利益に反して」については、1970年代までのいわゆる産業政策
が優位な時代に、生産者、消費者双方を含めた国民経済全般の利益に反す
ることを意味するという見解が経済界や通産省（今の経済産業省）などか
ら強く主張されていまして、自由経済競争秩序それ自体に反することを意
味するという見解と対立していました。「公共の利益に反して」が生産者、
消費者双方を含めた国民経済全般の利益に反することを意味するという主

張は、公正取引委員会による独禁法の執行を抑えようという発想からのものかとも思われますが、それはともかく、この最高裁判決によって「公共の利益」についての考え方が確立しました。

(5) 「一定の取引分野」

次に、「一定の取引分野」です。一定の取引分野というのは、一般的ないい方ですと、市場のことで、**不当な取引制限がどのような商品・役務について、どのような地理的範囲（地域とか国とか世界とか）で行われているのか**、ということです。

不当な取引制限では、実際に事業者が一定の範囲で共同行為を行っているので、そうした実際の行為を出発点として、取引の対象・地域・態様等に応じて、違反行為者のした共同行為が対象としている取引とそれにより影響を受ける範囲を検討して、その競争が実質的に制限される範囲を画定して「一定の取引分野」を決定します（**シール談合刑事事件**（東京高裁判決平成5年12月14日））。また、**ブラウン管カルテル（サムスンSDI（マレーシア））事件**（東京高裁判決平成28年1月29日）でも、不当な取引制限での共同行為は、特定の取引分野における競争の実質的制限をもたらすことを目的・内容としているのであるから、通常の場合、その共同行為が対象としている取引と、それによって影響を受ける範囲を検討して、一定の取引分野を画定すれば足りるというようにシール談合刑事事件判決と同じ考え方が示されています。

一方、企業結合規制では、これとは違うやり方で一定の取引分野を画定するのですが、それは、**第8回**で企業結合を取り上げるときに説明しましょう。

(6) 「競争を実質的に制限すること」

さて、次に「競争を実質的に制限すること」ですが、これは、「市場が有する競争機能を損なうこと」で（**多摩談合事件**（最高裁判決平成24年2月20日））、別のいい方ですと「競争自体が減少して、特定の事業者または事業者集団が、その意思で、ある程度自由に、価格、品質、数量、その他各般の条件を左右することによって、市場を支配することができる形態が現

れているか、または少なくとも現われようとする程度に至っている状態」
です。

　つまり、事業者の数が多いとか少ないとか、増えたとか減ったとか、
個々の事業者の経営が困難になっているかどうかといったようなことでは
なくて、**ある商品・役務の取引が行われている市場全体でみて、競争がき
ちんと機能しているかどうか、需要者（買い手）にとって十分な選択肢が
あるかどうかといった視点で「競争を実質的に制限すること」になってい
るかどうかが判断される**ということです。

　後者の「競争自体が減少して、……」といったのは、**東宝・スバル事件**
（東京高裁判決昭和 26 年 9 月 19 日）判決なのですが、**独禁法ができてから
4 年後の判決が今に生きている**ということに、これまた私は感動するので
すが、どうでしょう。

　それはそれとして、「競争を実質的に制限すること」のこの考え方は、
私的独占や企業結合規制でも共通です。

（7）　その他いくつかの論点

　まず、**不当な取引制限は、いつ既遂になるのか**。

　これについては、①事業者が他の事業者と共同して対価を協議・決定す
るなど相互にその事業活動を拘束すべき合意をした場合に、この合意に
よって、公共の利益に反して、一定の取引分野における競争が実質的に制
限されたものと認められるときは、独禁法違反（不当な取引制限）の罪は
直ちに既遂に達しまして、②この決定された内容が各事業者によって実施
に移されることや決定された実施時期が到来することなどは、同罪の成立
に必要ではありません（**石油価格協定刑事事件**（最高裁判決昭和 59 年 2 月 24
日））。すなわち、**合意したら即既遂・即違法**ということです。ただ、これ
は、そうした行為をしたら原則として直ちに違法となる（原則違法）行為
である価格カルテルなどのハードコア・カルテルを前提にしていますので、
共同研究開発などハードコア・カルテルではないもの（非ハードコア・カ
ルテル）については、別の考え方もあり得るとも思われます。

　次に、不当な取引制限で違法というためには、合意の形成過程や成立時
期などの立証を要するかですが、これについては、不当な取引制限で必要

とされる意思の連絡とは、**複数事業者間で相互に同内容または同種の対価の引上げを実施することを認識したり予測して、これと歩調をそろえる意思があることをもって足りる**ので、このような意思が形成されるに至った経過や動機について具体的に特定されることまでも要するものではありません（**元詰種子カルテル事件**（東京高裁判決平成 20 年 4 月 4 日））。

　最後に、**事業者の行為か事業者団体の行為か**、つまり、各事業者が事業者団体の場を利用した行為か、事業者団体による行為かということが争点になることもあります。これについては、①独禁法上処罰の対象となる不当な取引制限行為が事業者団体によって行われた場合であっても、これが同時にこの事業者団体を構成する各事業者の従業員等によってその業務に関して行われたと観念することのできる事情があるときには、この行為に対する刑事責任を事業者団体のほかに各事業者に対して問うことも許される、②そのいずれに対し刑事責任を問うかは、公正取引委員会や検察官の合理的裁量に委ねられているということです（**石油価格協定刑事事件**（最高裁判決昭和 59 年 2 月 24 日））。すなわち、**認定された事実に基づいて、どちらともいえる場合には、一方に決める必要はなくて、どちらであっても問題ないということ**で、その後の判決や審決でも同様の考え方で判断されています。

 # 5　入札談合

はい、では、**第 3 回の最後、入札談合**についてです。

　独禁法の規定ではカルテルも入札談合も不当な取引制限ですが、やり方が異なりますということは、課徴金納付命令のところで説明しました。

　また、最近では、民需の場合は「受注調整」と呼んでいますとも 4 (1) でいいましたが、入札談合でも受注調整でも、これに参加している事業者の間で「基本合意」をした上で、個別の発注物件ごとに受注予定者を決める「個別調整」を続けていくということでは同じですので、**以下、「入札談合」とまとめていいます**。

　ところで、では、入札談合で独禁法に違反する不当な取引制限の「合意」に当たるのは何かというと、「基本合意」がそれに当たります。したがって、一定のルールで受注調整を行うという「基本合意」をすれば、理論的には、個々の具体的な物件で受注調整をする前でも、独禁法に違反する、既遂になるということになります。

　ただ、実際の排除措置命令書をみると、「理由」のところに、個別調整のことや、さらにたとえば先に1（2）アで紹介した**東京都発注浄水場排水処理施設運転管理作業談合事件**（長いですねぇ）ですと、実際に、4社は、これにより同排水処理施設運転管理作業のほとんどすべてを受注していた、といったように「実施状況」も書かれています。これは、個別調整が行われていたことや、実際に受注調整がうまくいっていたということは、基本合意の存在を立証する上での重要な証拠になるためです。不当な取引制限の「合意」の考え方や判決によると、たしかに合意の形成過程や形成時期を立証する必要はないのですが、もちろん合意の形成過程や成立時期が明らかであるほうが「合意」の存在がより強く立証されることになります。したがって、**実際の事件審査では、可能な限りこうした証拠も収集して、必要な範囲で排除措置命令書にも記載して、裁判になったら公正取引委員会側から主張することになります。**

[図表3-9]　入札談合事件の「不当な取引制限の『合意』」と証拠

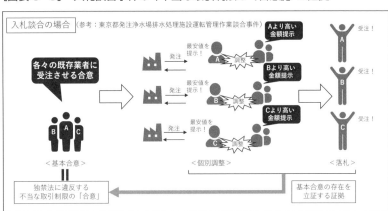

（1） 発注者の関与

　ところで、入札談合事件の場合は、事業者による違反行為に加えて、「**発注者の関与**」が問題になることがあります。こうした問題に対応するための法律が、「入札談合等関与行為の排除及び防止並びに職員による入札等の公正を害すべき行為の処罰に関する法律」で、略称は「**入札談合等関与行為防止法**」。マスコミなどではこの略称も長すぎるということか、「**官製談合防止法**」とも略称されています。

　この法律は、平成 14 年（2002 年）に議員立法で制定されまして、平成 18 年（2006 年）に「入札等の妨害の罪」を創設することなどを内容とする改正が行われて、平成 19 年（2007 年）3 月 14 日に施行され、現在に至ります。

　ここでまた余談で、この「議員立法」ですが、日本の国会に提出される法律案のほとんどは内閣が提出するもので、これを「内閣立法」の「閣」と「法」をとって「**閣法**」といいます。たとえば、独禁法を改正する場合は、公正取引委員会が中心となって改正の検討を行って、必要な手続を踏んで閣議決定されて国会に提出されます。このようにして国会に提出される独禁法改正法案は閣法です。一方、数は少ないのですが、議員が提出する法律案もありまして、これを「**議員立法**」といいます。議員立法の場合、法律案として国会に提出されても成立しないことも多いものの、実際に議員立法として成立する法律案は、議員が熱心にその問題に取り組んでいたり、新しい価値観に基づいたもので政府が前面に出て参画しにくいものであることが多いといわれています。

　たとえば、平成 9 年（1997 年）制定・施行の臓器移植法（「臓器の移植に関する法律」）は、「脳死」という新たな概念を導入して、「脳死した者の身体」を「死体」に含むとしてその臓器を摘出できるなどと規定するものですが、これは議員立法です。

　また、改正祝日法（「国民の祝日に関する法律の一部を改正する法律」）が平成 28 年（2016 年）1 月 1 日に施行されて、「山の日」が新たな祝日になったのですが、平成 25 年（2013 年）4 月に超党派 110 名の議員連盟である「『山の日』制定議員連盟」が設立されて、平成 26 年（2014 年）3 月 28 日に、

　自民党、民主党、日本維新の会、公明党、みんなの党、結いの党、共産党、生活の党、社民党の9党が共同で改正祝日法案を国会に提出したもので、これも議員立法です。

　ところで、話を戻すと、この「入札談合等関与行為防止法」が検討され始めた直接のきっかけになったのは、平成12年5月5日に公正取引委員会が勧告を行った**北海道上川支庁発注の農業土木工事などに関する入札談合事件**で、発注者が受注予定者に関する意向を示していたという事実が認められたため、公正取引委員会が北海道に改善要請をしたというものです。入札談合は、不当な取引制限に当たりますので、入札談合を行った事業者には、独禁法に基づく法的な措置がとられます。一方、発注者は、商品や役務の購入者（買い手）であって、不当な取引制限の違反行為者には当たりませんので、公正取引委員会からの改善要請は、独禁法などの法律に基づくものではなくて、事実上のものにとどまりました。

　この事件をきっかけにして、国や地方公共団体等の発注機関の職員が入札談合に関与する、いわゆる「官製談合」に対する社会的な批判が高まりました。こうした状況を背景として、与党内で検討が始まり、最終的に議員立法の形で国会に提出され成立したということです。

　この入札談合等関与行為防止法によると、「**入札談合等関与行為**」とは、①入札談合等をさせること、②受注すべき者に関する意向をあらかじめ教示し、または示唆すること、③入札談合等を容易にする秘密情報を漏洩すること、これは、たとえば、本来公開していない予定価格や指名業者の氏名、評価点等の情報を漏洩することで、そして、④入札談合等を幇助する、すなわち、手助けすること（たとえば、事業者の作成した割付票を承認したり、分割発注の実施など入札方法を変更して、入札談合を容易にすること）の4つです。**公正取引委員会は、独禁法違反被疑事件の審査を進めて、事業者による独禁法違反行為を認定して、さらに、発注機関の職員等の入札談合等関与行為を認定した場合には、発注機関の長に対して「改善措置要求」をすることができます。**先に挙げました北海道上川支庁発注農業土木工事等談合事件での改善要請とは違って、**法律に基づく「改善措置要求」**をすることになります。そして、改善措置要求を受けた発注機関は、自ら事実関係を調査して、必要と認める改善措置を講じなければなりません。

ここで要注意なのは、事業者による入札談合の事実が認定された上で入札談合等関与行為があれば、改善措置要求をすることができるということです。**事業者による独禁法違反行為を認定することなしに発注機関に改善措置要求をすることはできません。**

　一方、入札談合等関与行為防止法には「入札等の公正を害する行為」も規定されています。職員がその職務に反して、事業者その他の者に談合を唆すこと、事業者その他の者に予定価格その他の入札等に関する秘密を教示すること、またはその他の方法によって、その入札等の公正を害すべき行為を行ったときは、5年以下の懲役または250万円以下の罰金に処するというものです。この罪は、事業者による独禁法違反の存在を前提とはしていませんし、処罰の対象の行為は「入札談合等関与行為」に限定されていません。これは刑事罰の規定ですので、**実際には、公正取引委員会の審査とは関係なく、検察庁や警察などの捜査当局が独自に捜査を行って起訴しています。**毎年、発注機関向けに行う研修などで「入札談合の防止に向けて～独占禁止法と入札談合等関与行為防止法～」と題するテキストが使われていますが、この入札談合等関与行為防止法については、このテキストが最も分かりやすくて、実例も豊富に掲載されていまして、公正取引委員会のウェブサイトからダウンロードすることができます。このテキストには、「入札等の公正を害する行為」違反の刑事事件の例が掲載されていますが、これは報道によって公正取引委員会が把握しているもののみですので、実際には、もっと多くの事件があるでしょう。

　また、公正取引委員会は、事件審査で入札談合や入札談合等関与行為を明らかにして措置をとるだけではなくて、入札談合や官製談合の防止のための取組みも行っています。発注機関向けの研修を頻繁に開催したり、コンプライアンス調査を行って、公表することで、未然防止の意識を高めていこうとしています。たとえば、「官製談合防止に向けた発注機関の取組に対する実態調査報告書」も、公正取引委員会のウェブサイトから入手可能です。

[図表3 - 10]　官製談合防止に向けた発注機関の取組に関する実態調査報告書

出典：公正取引委員会ウェブサイト

（2）　岩見沢市発注建設工事談合事件など

　入札談合等関与行為防止法に基づいて、公正取引委員会が改善措置要求を行った初の事件は、平成15年1月30日に公正取引委員会が勧告を行った**岩見沢市発注建設工事談合事件**です。

　この事件は、岩見沢市が指名競争入札の方法で発注する一般土木・造園工事、建築工事、管工事、舗装工事と電気工事という各種の建設工事で、地元企業の安定的で継続的な受注の確保などを目的として、発注事務担当職員が事業者ごとの年間受注目標額を設定して、これをおおむね達成できるように、それらの工事での落札予定者を選定し、さらに、落札予定者の名称と設計金額の概要などを岩見沢建設協会の役員などや岩見沢管工事業協同組合の専務理事に示しました。そして、事業者は、発注されたそれぞれの工事で、これらの役員や専務理事から伝えられた者を落札予定者とし、受注価格は、これらの者から伝えられた金額を基に受注予定者が決めると

いったやり方で談合を続けていたというものです。すなわち、岩見沢市が発注する建設工事について、この市の職員が反復・継続して落札予定者を選定して落札予定者の名称と工事の設計金額等を業界団体の役員等に教示するなどしていたということで、入札談合等関与行為防止法に基づいて、岩見沢市長に改善措置要求が行われました。

この事件では、こうした**発注事務担当職員の行為に岩見沢市の幹部の承認や示唆があって、さらに、市長も関与**していました。このため、当初は事件審査がなかなか大変でしたが、事件審査の途中に選挙で市長が交代して新しい市長になったことで審査が進むようになったと聞いています。

また、先ほど1（2）アで紹介した**東京都発注の浄水場の排水処理施設運転管理作業**の談合事件では、東京都の浄水場の排水処理施設運転管理作業の契約についての見積り合わせにおいて、東京都の職員（金町浄水管理事務所の技術課排水処理係長と朝霞上水管理事務所の技術課排水処理係主任）が見積り合わせ参加業者のうち特定の事業者の従業者に対して、見積り合わせ実施日または見積書の提出締切日前までに、非公表の予定単価に関する情報を教示していた、ということで、東京都知事に改善措置要求が行われました。

（3） 通常の取引と入札取引と制服の取引

ところで、［図表3-11］をご覧ください。

まず、通常の取引を考えてみましょう。［図表3-11］の図の一番上が**通常の取引**ですね。買い手である消費者や事業者は、自らが必要とする商品や役務について、なるべくいい品質のものをなるべく安い価格で買いたいと考えますから、買い手が売り手のほうに便宜を図って、価格を高くしようなどとはしませんよね。そんなことをしたら、自分が損をするだけです。入札の発注者である国や地方公共団体は、必要とするものを競争入札の方法で手に入れようとしている買い手ですから、通常であれば、なるべくいい物を安い価格で買いたいと考えるはずなのに、いわゆる**官製談合**というのは、売り手である事業者に談合をさせて購入価格を引き上げようとするものですから、通常の取引での買い手であれば、単に損をするだけ、ということになるのに、なぜ、そのようなことをするのでしょうか。

［図表3-11］　通常の取引と入札取引と制服の取引

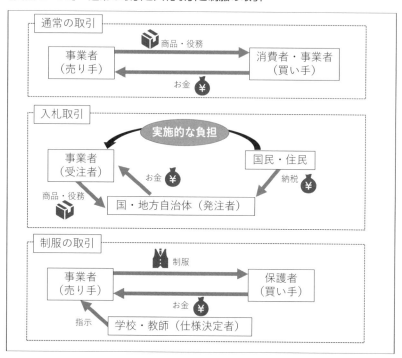

　［図表3-11］の真ん中、「入札取引」のところをみてください。**この場合の買い手である発注者は、商品や役務の代金の実質的な負担者ではなく、最終的に負担しているのは、住民であり、国民です。**この点が、通常の取引での買い手とは異なります。このように必要とする商品や役務の内容を決定している者とその代金の実質的な負担者が異なると、**受注者である事業者になんらかの利益を与えても発注者のふところは痛みませんから、受注者である事業者から別の利益を見返りに得ようというインセンティブが発注者に生じてしまうわけです。**

　このように、商品・役務の内容を決定する者とその代金の負担者が異なる場合には、官製談合と同じようなことが起きやすいということになります。これに似た構造なのが、**制服の取引**です。［図表3-11］の一番下をみてください。どのような制服にするかを決めるのは、通常、学校や教師で

すが、お金を払って制服を購入するのは保護者ですよね。したがって、制服の取引では、よほど注意していないと制服の価格が高くなってしまうという傾向が生じてしまいます。

> 独禁法違反の調査と
> 違反行為への措置

　それでは、**第4回**を始めましょう。

　前回**第3回**は、典型的な独禁法違反といえばカルテルや入札談合など
の不当な取引制限で、その対処が各国の競争当局にとって共通の最重要課
題で、そのための最も重要な手段は課徴金納付命令ということで、この課
徴金納付命令について学びました。もちろん、独禁法違反に対する措置に
はその他にもいろいろとあります。また、これらの措置は、必要な調査を
適切な手続で進めて、その結果明らかになった事実に基づいて、違反行為
とか違反の疑いのある行為を排除するために適切なものがとられるという
ことになります。

　そこで、今回は、こうした手続とか措置を順次取り上げて説明していき
ましょう。

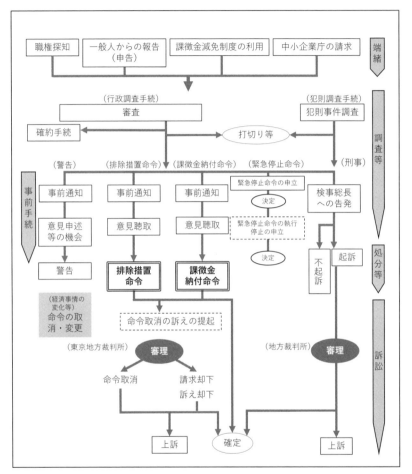

出典：公正取引委員会「公正取引委員会の最近の活動状況」（令和 2 年 10 月）を基に作成

　［図表 4 - 1］を適宜みながら読み進めてほしいのですが、まず、ざっと流れをいいますと、「**端緒**」から始まって、この端緒から違反行為の存在を疑うに足る事実があると判断すると、**ほとんどの事件は行政調査手続のほうで審査を開始します。その結果違反事実が認定されると、排除措置命令や警告、注意などの措置がとられる**ということですが、打切りになるこ

ともあります。また、**審査の途中で確約手続に進むこともあります**。課徴金納付命令は第3回で説明しましたね。そして、排除措置命令や課徴金納付命令を受けた**事業者が不服だということだと、命令の取消の訴えを東京地方裁判所に提起できます**。この東京地方裁判所の判決にも不服だと、東京高等裁判所に控訴。さらに最高裁判所への上告と進んでいくこともあります。また、**重大な独禁法違反行為の疑いがある端緒に接したら、犯則調査手続のほうに進んで、告発に至って起訴、そして刑事罰ということにもなります**。このほか、**独禁法違反行為の被害者が自力で民事訴訟を起こすことも可能です**。

 # 1 行政調査手続

(1) 調査開始のきっかけ——端緒

　では、改めて手続の始まりのところから。

　公正取引委員会が独禁法違反の疑いのある事実をみつけて措置をとるためには、まずは、独禁法違反事件の調査を開始する手掛かりとなる違反行為に関する情報が必要です。これが「事件の端緒」です。数として最も多いのは一般からの報告（申告）ですが、**事件につながる可能性が高いということでは課徴金減免制度に基づく課徴金減免申請が重要です**。ただ、こうした情報の提供がなくても、公正取引委員会は独自に情報を収集して審査を開始することもできます（**職権探知**）。

　何人も（＝誰でも）独禁法の規定に違反する事実があると思うときには、公正取引委員会に対して、その事実を報告して、適当な措置をとるよう求めることができます。独禁法には明示的にそう規定されています。**事業者としてでも、事業者の従業員が独自にでも、取引先でも、競争事業者でも、消費者でも誰でも申告することができます**。また、文書でないといけないといった限定もなくて、口頭でもメールでも申告可能です。

（2）　審査

　公正取引委員会は、独禁法に規定されている立入検査などの法的権限を用いて調査を行うことができます。こうした権限を用いて行う調査を「**正式審査**」、こうした法的権限は用いないで関係者に任意の協力を得て行う調査を「**任意調査**」といいます。数としては、任意調査による事件のほうが多いですが、排除措置命令などに至る事件は、通常、正式審査によるものです。

　公正取引委員会が正式審査を開始する場合、違反被疑事業者や関係事業者の事務所などに審査官が赴いて立入検査をするのが通常です。事務所にある書類や、パソコンやサーバーに保存されているメールやデータなどを調べて、違反被疑事件に関係する書類等の提出を命じて（提出命令）、提出された物件を留置して持ち帰ります。その後、事件関係人やその他の関係者（参考人）から事情聴取を行います。通常これは任意で行われて供述調書を作成します。ただ、出頭を命じて審尋を行う権限もあります。また、事件関係人などに報告命令を行うことができますし、鑑定人に出頭を求めて鑑定を行う権限もあります。

　では、これらの**調査権限に事業者が従わない場合**にはどうなるのでしょう？

　刑事ドラマなどでご存知の刑事手続だと、裁判官が出す許可状（令状）によって家宅捜索をすることができて、この場合は有形力（一定の範囲内で）を行使することができます。たとえば、被疑者がドアを閉じて家宅捜索を拒もうとしても、そのドアを押し開けて、場合によっては壊して、中に入って捜索をすることができます。しかし、**独禁法の行政手続での調査権限では、そのような有形力を行使することはできません**。その代わり、調査を拒否したら刑事罰が科されますよ、ということで実効性を確保しています。これを**間接強制**といいます。

[図表 4 - 2]　刑事事件と独禁法調査事件の実効性確保方法

　ところで、独禁法違反事件処理手続の［図表 4 - 1］では、違反事実を認定するプロセスである「審査」は一行のみです。法律の本でも、普通、この部分の記述はごく短くて「事前手続」以降が長々と書かれています。もちろん法律的には「審査」よりも「事前手続」以降のほうが書くことが多いのでそうなってしまうのですけど、実際、一連の事件の調査等の流れの中で最も時間を要するのは、この「審査」です。しかも、この「審査」中には、公正取引委員会と事件関係人やその代理人弁護士との間で何度も接触があって、事情聴取や意見交換が幾度も行われて、その結果「事前手続」に至ります。

　こういうことをあえていうのはなぜかといいますと、たとえば、公正取引委員会が審査を進めている間に公正取引委員会と事業者（事件関係人）との間でコミュニケーションの機会はほとんどなく、このため、公正取引委員会が何を考えて何を調べているのか事業者には分からず、事業者が公正取引委員会の考え方を知るのは事前手続になって初めてと勘違いをしているのではないか、と時折思えることがあったりするためです。まじめに法律の本だけを読んでいると、かえってそう思ってしまうかもしれません。しかし、実際には、事情聴取や担当審査長・審査官との意見交換などを含む一連の審査のプロセスの中で、公正取引委員会が立入検査で自社からどのような書類等を留置したのか、公正取引委員会はどのようなことに関心を持っているか、公正取引委員会がどのような行為に問題意識を持ってい

るかなどについて、事件関係人は十分に把握することができます。ただ、社内のコミュニケーションに問題があったりすると、会社のトップまで正確な情報が共有されていないということは、ありがちのようです。法律の本にはあまり書かれていないこの「**審査**」のところが、実は、個々の事件での中核であるということを常に意識しておきましょう。

（3）　事前手続

　公正取引委員会（実際に現場で審査を進めるのは、事件ごとに公正取引委員会が指定した審査官）が審査を進めた結果、独禁法に違反する事実が認められたので排除措置命令や課徴金納付命令を行おうとする場合、**命令に先立って事前手続が行われます**。すなわち、公正取引委員会が指定する職員である意見聴取官が主宰して当事者（命令の対象となることが見込まれる事業者）に対する**意見聴取手続**が行われます。この意見聴取の期日の前に、予定される命令の内容などが公正取引委員会から当事者に事前通知されます。通知の日から意見聴取の終了までの間、当事者は証拠を閲覧したり謄写することができます。

　この意見聴取では、審査官などが排除措置命令案の内容や認定した事実、それを立証する主要な証拠などを説明して、当事者（実際は代理人弁護士が出席することも多いですが）は意見の陳述や証拠の提出をしたり、審査官などに質問したりすることができます。意見聴取は１回、長くても２回までというのが普通です。当事者は、意見聴取の期日に出頭しないで陳述書と証拠を意見聴取官に提出することもできて、実際、そのような場合も結構あります。

　意見聴取官は、意見聴取での質問や説明などについての調書と、事件の論点や整理された論点を記載した報告書を作成して、これらを公正取引委員会に提出します。当事者は調書と報告書を閲覧することができます。

（4）　取消訴訟

　事前手続を経た上で、やはり独禁法に違反する行為があると認められた場合には、公正取引委員会は、**排除措置命令**を行います。これは、**違反行為を速やかに排除するよう命じる行政処分**です。事業者は、これに不服だ

と6か月以内に東京地方裁判所に取消訴訟を提起することができます。

　地方裁判所では通常1名の裁判官が審理と裁判を行います（単独制）が、独禁法違反事件の取消訴訟では、東京地方裁判所は3名の裁判官の合議で審理と裁判を行います。これは、**専門機関である公正取引委員会が合議によって行った命令についての抗告訴訟であるということ**を踏まえてのものです。ちなみに、判決以外の決定や命令に対する上訴の方法を抗告といいます。判決に対する上訴は、控訴や上告です。抗告訴訟とは、行政事件訴訟の類型の1つで、行政庁の公権力の行使に関する不服の訴訟です。

　東京地方裁判所の判決に対して、東京高等裁判所に控訴することができます。高等裁判所では、通常3人の裁判官の合議体で審理と裁判を行いますが、5人の裁判官の合議体で行うこともできます。

　不服申立てや取消訴訟などが提起されても、排除措置命令などの行政処分の執行は原則として停止されません（執行不停止の原則）。したがって、排除措置命令などに対して訴えを提起しても、命令を受けた事業者は排除措置命令の主文で求められた措置をとらなければなりません。ただ、行政事件訴訟法に基づいて、事業者は処分の執行によって生じる重大な損害を避けるため緊急の必要があるとして裁判所に執行の停止を申し立てることができます。裁判所がこれを認めると、決定によって命令の全部または一部の執行が停止されますが、これまで申立てが行われたことはいくつかあるものの、いずれも却下されています。

(5) 警告

　排除措置命令等を行うに足る証拠が得られなかった場合でも、独禁法違反の疑いがあるときは、**公正取引委員会は、関係事業者に対して「警告」を行うことがあります。警告は、違反行為があるとか、あったことを認定するものではありません**（行政処分ではなくて、行政手続法上の行政指導に当たります）。たとえば、公正取引委員会は平成31年1月24日に**大阪瓦斯株式会社に警告**していますが、これは、大阪ガスブランドのファンヒーターについての自社の販売目標を基にサービスショップの店舗ごとの年間販売目標数量を設定して、その販売目標数量からその店舗の期首の在庫を差し引いた台数以上を注文するよう求めたりすることで、サービスショッ

プに必要以上に自社から購入させている「疑い」でなされたものです。このような警告を行うに当たっては、事前に警告書の案を送って、その内容とその根拠となる公正取引委員会が認定した事実を説明し、これに対して、事業者は、（通常、文書で）意見を述べたり証拠を提出することができます（事前手続）。

（6）　排除措置命令

排除措置命令に戻りましょう。

排除措置命令は、**独禁法の規定に違反する行為を排除するために必要な措置を命じるもの**で、命じられる事業者を「名宛人」といいます。独禁法違反行為を現に行っている事業者（名宛人）に命じるのは当然ですが、**その独禁法違反行為が既になくなっている場合（既往の違反行為）にも排除措置命令を行うことができます**。実際の事件では、公正取引委員会が審査を開始すると事業者は違反被疑行為を取りやめることが多いですから、この既往の違反行為に対する排除措置命令のほうが多いのが実態です。たとえば、令和2年6月11日の**山形県発注の警察官用制服類の入札談合事件**の排除措置命令では、独禁法の規定に違反する行為を「取りやめていること」の確認などを取締役会で決議するよう命じています。一方、令和2年7月7日の**マイナミ空港サービス株式会社**に対する排除措置命令では、マイナミ空港サービスが違反行為を取りやめていなかったので、これこれの行為を「取りやめなければならない」と命じていますが、こういう命令をするのは珍しいことです。

ア　排除措置の内容

排除措置は排除措置命令書の主文で命じるのですが、具体的にどのような措置を命じているのかというと、通常、①その行為の取りやめ（違反行為が現に行われているとき）、または違反行為が既に排除されたことの確認（既往の違反行為）、②その違反行為と同様の行為を再び行わないこと、さらに、③その実効を確保するために必要な体制整備などです。

①の違反行為が既に排除されていることの確認では、通常、取りやめていることを取締役会決議などで確認することと、その内容を他の違反行為

者や取引先事業者、自社の従業員等に通知することが命じられています。

　同様の行為を再び行わないように命じることは、「**不作為命令**」といいます。

　また、再び同様の行為が行われないようにするため（再発防止のため）に、従業員に対する独禁法に係る研修や、**独禁法遵守マニュアルの整備等の再発防止措置**を命じることも多くあります。さらに、こうした典型的な措置のほかにも、**営業責任者の配置転換や実効性のある社内通報制度の整備、特定の契約条項の削除や破棄など**を命じることもあります。

イ　除斥期間

　独禁法に違反する行為がなくなった日から一定の期間が過ぎると排除措置命令を行うことができなくなる期間である**「除斥期間」は 7 年**です。これは、**第 3 回の 1 の課徴金納付命令**のところで説明しましたね。

ウ　既往の違反行為

　現に違反行為が行われているときにそれを止めるよう命じるのは当然ですが、既往の違反行為の場合は、違反行為は既に行われていないので、**排除措置を命じることができるのは「特に必要があると認めるとき」**です。

　では、この「特に必要があると認めるとき」とは何かですが、命令の時点では既に違反行為はなくなっているものの、その違反行為が繰り返されるおそれがある場合や、その違反行為の結果が残存していて競争秩序の回復が不十分である場合などがこれに当たります（**ごみ焼却炉談合事件**（東京高裁判決平成 20 年 9 月 26 日））。つまり、既往の違反行為で「特に必要があると認めるとき」に当たるかどうかは、個々の事件ごとに、①違反行為の残存効果が存在するかどうか、②違反行為の再発可能性があるかどうかを考慮して判断されるということになります。

　既往の違反行為での排除措置命令では、「特に必要があると認めるとき」に該当する理由が排除措置命令書の「第 2　法令の適用」のところに書かれています。たとえば、令和 2 年 7 月 1 日の**愛知県立高等学校の制服の販売業者に対する排除措置命令**では、違反行為は既になくなっているが、違反行為が長期間にわたって行われていたこと、違反行為の取りやめが公正

取引委員会の立入検査を契機としたものであること等の諸事情を総合的に勘案すれば、特に排除措置を命ずる必要があるという判断が書かれています。

ただ、実際の事件では、事前の課徴金減免申請をした事業者は別にして、**公正取引委員会の調査を受けた後に違反行為を取りやめたというのがほとんど**ですので、違反行為を行った事業を他の事業者に譲渡したとかでその事業を今後行う可能性がないとか、事業を再開することが困難となったというような場合でなければ、**通常、排除措置が命じられています。**

エ　緊急停止命令

公正取引委員会が審査を開始してからその結果が出て排除措置命令をするまでには、それなりの時間がかかります。このため、公正取引委員会が審査を開始しても独禁法違反の疑いのある行為が引き続き行われて、**排除措置命令が出るのを待っていては競争秩序が回復しがたい状態となること**が懸念されて、**緊急の必要がある**ということがあります。こういうとき、**公正取引委員会は裁判所に対して違反の疑いのある行為について緊急停止命令の申立てを行うことができます。**これまで、実際に緊急停止命令の申立がなされた事例は複数あります。最近では、令和2年2月28日に**楽天に対する緊急停止命令の申立て**を公正取引委員会が東京地方裁判所に対して行いましたが、3月6日に楽天が一定の方針を公表したことを受けて、3月10日に緊急停止命令の申立てを取り下げました。

(7)　確約手続

公正取引委員会が審査を行った結果、独禁法に違反する事実があるとなったら法律に基づく措置（法的措置）である排除措置命令や課徴金納付命令を行います。一方、違反の認定にまでは至らなかった事案でも、警告や注意を行って早期に問題を解消することがあります。ただ、これらは法的措置ではありません。

一方、以前から、アメリカやEUでは、当局と関係人事業者の間での合意に基づいて関係人事業者が自ら排除措置をとってこれを法的に義務付ける一方で、当局は違反を認定せずに事件審査を終える手続があって、これ

が有効に機能していました。

　日本でも TPP 協定（環太平洋パートナーシップ協定）整備法によって独禁法が改正されて、「競争当局と事業者との合意により自主的に解決する制度」である**確約手続が導入されました**（アメリカ抜きの TPP11 協定が発効した平成 30 年（2018 年）12 月 30 日に施行）。

　企業側のコンプライアンス意識の高まりの中で、競争当局と事業者との合意により自主的に解決するという方向性は支持されていて、前回説明した課徴金減免制度での「調査協力減算制度」もこれと同じ方向のものです。

　［図表 4 - 3］をご覧ください。

［図表 4 - 3］　確約手続の流れ

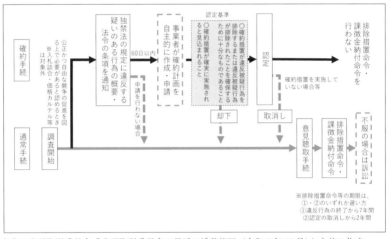

出典：公正取引委員会「公正取引委員会の最近の活動状況（令和 2 年 10 月）」を基に作成

　確約手続の対象は、独禁法に規定されている企業結合を含む行為のすべてです。一方で①入札談合、価格カルテル、数量カルテルなどのハードコア・カルテルに関する違反被疑行為、②調査開始前 10 年以内に違反被疑行為と同じ条項に規定する違反行為で法的措置を受けている場合と、③刑事告発に相当する悪質重大な違反被疑行為については、より厳しく対処する必要があるので、確約手続の対象とはされていません。

公正取引委員会が審査を進めた結果、独禁法に違反する事実があると思う場合に、その疑いの理由となった行為について公正かつ自由な競争の促進を図る上で必要があると認めるときは、その行為の概要などを公正取引委員会が違反の疑いがある事業者に対して通知することで、確約手続が始まります。事業者は、この通知に対して、自分でその違反の疑いのある行為を解消するための措置をとろうとするときはその計画（確約計画（継続中の違反被疑行為についての計画は排除措置計画、既往の違反行為についての計画は排除確保措置計画、両者を併せて確約計画といいます））を60日以内に提出して、その認定を申請します。この確約計画が措置内容の十分性と措置実施の確実性の要件を満たすものであれば、公正取引委員会はこれを認定し、事件は終結となります。

　実際には、公正取引委員会が通知を行う前に、確約手続の適用可能性や確約手続の通知が行われた場合に事業者が申請する確約計画の内容について、事業者と公正取引委員会の間で十分なコミュニケーションが行われています。

　確約手続で事件が終結した案件は令和元年10月25日の**楽天**が最初で、その後いくつもありまして、実務的にもこの手続が定着しつつあります。

　令和2年度末までの確約計画認定は［図表4-4］のとおりです。

［図表4-4］　令和2年度末までの確約計画認定の事例（公表年月日）

- 楽天株式会社に対する件（令和元年10月25日）
- 日本メジフィジックス株式会社に対する件（令和2年3月12日）
- クーパービジョン・ジャパン株式会社に対する件（令和2年6月4日）
- ゲンキー株式会社に対する件（令和2年8月5日）
- アマゾンジャパン合同会社に対する件（令和2年9月10日）
- 株式会社シードに対する件（令和2年11月12日）
- ビー・エム・ダブリュー株式会社に対する件（令和3年3月12日）
- 日本アルコン株式会社に対する件（令和3年3月26日）

　このうち、令和2年8月5日の**ゲンキー株式会社に対する件**は優越的地位の濫用の疑いに基づく確約計画認定で、納入業者に対する返金の措置が

含まれています。こうした返金の措置がとられた初めての事件です。また、アマゾンジャパン合同会社に対する件でも返金の措置がとられました。**返金の措置（金銭的利益の回復）だと（課徴金とは違って）優越的地位の濫用行為を受けた取引先の被害が直接的に回復することになりますし、優越的地位の濫用行為に対する確約手続の活用は大いに期待されていました**。実際に、優越的地位の濫用の疑いに関する事件で納入業者に対する返金の措置（金銭的価値の回復の措置）を含む確約計画が認定されて早期に事件が終結したことで、**今後、優越的地位の濫用行為に関する法執行の実態が大きく変わっていくとも考えられます**。

 # 2 犯則調査手続

さて、次は犯則調査手続です。

これは、**カルテルなど刑事罰の対象となっている違反行為について、公正取引委員会が刑事告発を念頭に行って、その後、起訴、刑事罰につながる調査の手続**です。

一般的に犯則調査というのは、行政機関が行う行政法規違反の罪についての事件の調査でして、こうした事件を犯則事件といいます。この犯則調査権限は、どの行政機関にどのような権限が与えられるかが、個別の法律で規定されています。独禁法違反事件の犯則調査手続は、独禁法に規定されています。

この犯則調査で一番有名なのは、多分、国税庁の「査察」でしょうね。私なんかは、相当に昔の映画ですが『マルサの女』（東宝配給、1987 年）なんか思い出すのですが、この「査察」は国税に関する犯則事件の調査のことで、国税犯則取締法で規定されています。**独禁法の犯則調査手続は、この国税犯則取締法の規定などを参考にして平成 17 年（2005 年）の独禁法改正で導入されました**。

独禁法の犯則事件の調査では、公正取引委員会の所在地を管轄する地方裁判所または簡易裁判所の裁判官があらかじめ発する許可状（一般的には

「令状」といわれているものです）によって、臨検や捜索、差押えをすることができます。この犯則調査は、刑事手続での捜査と同様の調査ができるものではありますが、**逮捕の権限はありません。**

（1）　犯則調査・犯則事件

　犯則調査は、行政手続に基づく調査（審査）と違って、刑事告発から刑事事件になり得る事件の調査ですので、**人権保障の観点から、刑事手続と同様のより厳格な調査手続です。**このため、行政調査では認められている出頭命令や、供述義務を伴う審訊の権限は与えられていません。ただ、行政調査で事情聴取をする場合には、例外的なケースを除いて、出頭命令や審尋ではなく、任意で行われていますので、実際上の審査実務としてその点で大きな違いがあるわけではありません。

　犯則調査は、このように行政調査よりも厳格な調査手続ですので、**行政調査手続で得た証拠をそのまま犯則調査手続で使うことはできません。**たとえば、行政調査権限である出頭命令と審訊によって作成された供述調書（審尋調書）を、そのまま犯則手続で証拠として用いることはできません。**逆に、より厳格な調査手続である犯則調査で得た証拠を行政調査手続のほうで用いることに問題はありません。**

　刑事告発を目指す事件の調査は、最初から、犯則調査手続で行われます。行政調査手続での審査（行政事件）を公正取引委員会と検察庁とで一緒に行うことはできませんが、犯則事件ですと、公正取引委員会は告発の前の段階から検察庁とともに調査を行うこともできます。

[図表4-5]　犯則調査と行政調査

	犯則調査	行政調査
刑事事件化	○	×
証拠の使用	行政調査で得た証拠の使用 ×	犯則調査で得た証拠の使用 ○
検察庁と共同調査	○	×

（2） 専属告発

　不当な取引制限や私的独占などの罪に関する事件が犯則事件です。不公正な取引方法は刑事罰の対象ではないので、犯則事件とはなりません。不当な取引制限や私的独占などの罪については公正取引委員会の告発を待ってこれを論じると独禁法に規定されています（専属告発）。すなわち、**公正取引委員会からの告発がないと、これらの罪について、たとえば、検察庁が独自に起訴をすることはできないということです。**告発は一般的には捜査の端緒に過ぎません。しかし、訴訟条件とされている場合もありまして、独禁法のこれらの罪の告発はそれに当たります。

（3） 告発方針

　第2回でもいいましたように、重大な独禁法違反行為に対しては刑事罰も用意されていますということなのですが、では、犯則調査手続の対象となり得る罪に関する事件のうち、どのような事件について積極的に刑事告発を行っていくのかということを公正取引委員会は**告発方針**（「独占禁止法違反に対する刑事告発及び犯則事件の調査に関する公正取引委員会の方針」）で明らかにしています。これによると、公正取引委員会が積極的に刑事処分を求めて告発を行うのは、①一定の取引分野における競争を実質的に制限する価格カルテル、供給量制限カルテル、市場分割協定、入札談合（いわゆるハードコア・カルテル）と、共同ボイコット、私的独占その他の違反行為であって、国民生活に重大な影響を及ぼすと考えられる悪質かつ重大な事案と、②違反を反復して行っている事業者・業界、排除措置に従わない事業者等に係る違反行為のうち、公正取引委員会が行う行政処分（排除措置命令、課徴金納付命令）によっては、独禁法の目的が達成できないと考えられる事案です。公正取引委員会がそもそも犯則調査の対象とするのはこのような事件であるということになります。

①	価格カルテル、供給量制限カルテル、市場分割協定、入札談合、共同ボイコット、私的独占その他の違反行為であって、国民生活に重大な影響を及ぼすと考えられる悪質かつ重大な事案
②	違反を反復して行っている事業者・業界、排除措置に従わない事業者等に係る違反行為のうち、公正取引委員会が行う行政処分では、独禁法の目的が達成できない事案

（4）　課徴金減免申請との関係

　前回、課徴金減免制度のところで、課徴金減免申請をすると事業者は課徴金の免除や減額というメリットを得るといいましたが、課徴金減免申請のメリットは刑事罰との関係でもあります。告発方針によると、**調査開始前に最初に課徴金減免申請を行った事業者については、公正取引委員会は刑事告発しません**。不当な取引制限の罪は公正取引委員会の専属告発の対象ですので、**公正取引委員会が刑事告発しなければ、その事業者は検察庁に起訴されることはなくて、刑事罰を科されることはない**ということになります。

　ただ、刑事訴訟法上には「告訴不可分の原則」というものがあります。つまり、親告罪について共犯の 1 人または数人に対してした告訴やその取消は、他の共犯に対してもその効力を生ずるということ、すなわち、1 人や数人を指定して告訴しても、その指定には意味はなくて、告訴の効力は共犯者のすべてに及ぶということです。つまり、不当な取引制限の事件で公正取引委員会が告発をした場合、公正取引委員会が告発をしなかった事業者についても検察官が起訴することは理論的には可能ということですが、平成 17 年（2005 年）改正独禁法の国会審議で、検察官は特定の減免事業者について公正取引委員会が告発を行わなかったという事実を十分に考慮することになると法務省が答弁をしていまして、これを受けて、調査開始前に最初に課徴金減免申請を行った事業者を公正取引委員会が告発しなかったら検察官に起訴されることはないとみんなが認識していて、実際に今までそのように運用されてきています。

　このほか、これは刑事罰とは関係ないのですが、流れでいいますと、入

札談合事案では、課徴金減免申請をした事業者にとって別のメリットもあります。

公共調達では、事業者が公正取引委員会から排除措置命令や課徴金納付命令といった処分を受けると、発注者である国や地方自治体は、通常、一定期間の指名停止を行います。指名停止の期間などのルールは、発注者である国や地方自治体ごとに異なりますが、**中央公共工事契約制度運用連絡協議会が作成しているモデルでは、課徴金減免制度の適用を受けた事業者として公正取引委員会が公表した者については、原則として、減免申請を行わなかった場合に比べて指名停止期間を半分とする**となっています。指名停止になった事業者は、落札する機会を失うことになって、これが課徴金よりも重大ということも多いですから、減免申請によってこの**指名停止期間が短くなることは、課徴金減免申請をするインセンティブとなっています**。

(5) 刑事告発後の行政処分

刑事告発を行った後、公正取引委員会は通常、さらに行政調査手続に基づいて必要な調査を行った上で排除措置命令と課徴金納付命令を行います。先ほどいいましたように、犯則調査手続に基づいて収集した証拠を行政調査手続で用いることはできまして、刑事告発後に犯則事件は行政調査部門に移管されます。

(6) 両罰規定

第2回で独禁法の規制対象は事業者（会社等の法人など）ですといいましたし、カルテルは、複数の事業者が価格などを話し合って決めることですが、刑事事件としては、違反行為をするのは、まず従業員や代表者などの個人であって、**個人が違反行為をした場合に、直接の実行行為者である個人のほかに法人（事業者）も罰するという考え方をします**。そこで、法人である事業者に対する刑事罰については、「両罰規定」と呼ばれる規定が独禁法に定められています。これによると、法人の代表者（や代理人、使用人その他の従業者）がその法人の業務や財産に関して一定の違反行為をしたときは、行為者を罰するほか、その法人に対しても規定されている

罰金刑を科すということで、この規定に基づいて法人である事業者に対して刑事罰（罰金）が科されます。**不当な取引制限の法人（事業者）の罪は、5億円以下の罰金**と規定されています。そのほかにも、**検査妨害の罪は特に重要で、この罰金額は2億円以下**です。

　刑事告発された最近の事件としては、**東海旅客鉄道株式会社が発注する中央新幹線（リニア新幹線）の建設工事の指名競争入札見積参加業者であるゼネコン4社**を平成30年3月23日に告発したものがあります。

[図表 4 - 7]　両罰規定

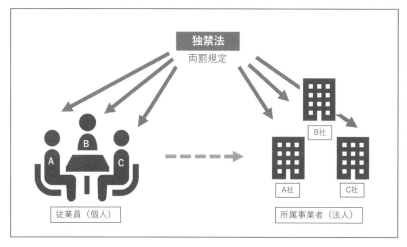

（7）　最後に2つ

　犯則調査手続の最後に関連して2つ。

ア　憲法の観点から──二重処罰の禁止

　刑事罰に加えて課徴金の納付を命じることが憲法が定める二重処罰の禁止に当たるのではという議論をする人もいます。ただ、憲法が定める二重処罰の禁止は、1つの犯罪に関して2度刑事罰を科さないということを内容とするもので、**課徴金制度は刑事罰とはその趣旨と目的が異なるので、これを併科することで憲法上の問題は生じない**ということが社会保険庁

シール談合事件（最高裁判決平成10年10月13日）で確定しています。

　一般的に、行政処分と刑事罰を併科することが憲法が定める二重処罰の禁止に当たらないことについての先例は、**法人税額更正決定取消等請求事件**（最高裁判決昭和33年4月30日）で、これは、**法人税法の追徴税と罰金とを併科することは憲法に違反しない**との判断が示されたものです。

　これによると、①法人税法での追徴税は、申告納税の実を挙げるために、本来の租税に付加して租税の形式によって賦課されるものであって、詐欺その他の不正の行為によって法人税を免れた場合に、その**違反行為者と法人に科される法人税法に基づく罰金とは、性質が違う**ものであって、②法人税法の「逋脱犯」（はだっぱん）に対する刑罰が脱税者の不正行為の反社会性ないし反道徳性に着目して、これに対する制裁として科されるものであるのに対して、法人税法の「追徴税」は、単に過少申告・不申告による納税義務違反の事実があれば、その違反の法人に対して課されることで、過少申告や不申告による納税義務違反の発生を防止して、納税の実を挙げようとする趣旨の行政上の措置であるので、**憲法の規定は刑罰である罰金と追徴税とを併科することを禁止する趣旨を含むものではない**ということです。

　一方で、憲法上の要請としての比例原則（1つの違反行為に対して必要以上の過剰な不利益が国から課されてはならないということ）の観点を踏まえて、（念のため）このような問題が生じないようにするため、刑事罰の罰金額の半額が課徴金額から控除されるという刑事罰と課徴金の調整規定が独禁法には設けられています。

イ　刑法の観点から──共同遂行

　第3回の4（2）で、不当な取引制限は「事業者が他の事業者と共同して相互にその事業活動を拘束すること（によって、公共の利益に反して、一定の取引分野における競争を実質的に制限すること）」ですといいましたが、独禁法では、これ以外に、事業者が他の事業者と共同して遂行すること（共同遂行）とも書かれています。ただ、通常、これだけで独立して不当な取引制限の要件になるとは考えられていないのですが、刑事事件での処理では、この共同遂行に特別な意味を持たせる場合があって、ちょっと面白い（と私は思うのですが）ので、ここで少々説明します。

ところで、刑法には、「継続犯」と「状態犯」という概念があります。状態犯というのは、犯罪が既遂になった時点で終了して、その後も違法状態は続くけれども、新たな犯罪とはならないもので、たとえば、窃盗罪や詐欺罪がこれに当たります。継続犯というのは、犯罪が既遂となった後も違法の状態が継続するような犯罪をいいまして、監禁罪や不退去罪がこれに当たります。

　入札談合事件を考えますと、行政事件としては、事業者が違反行為を続けているのだから「継続犯」的に考えるのが極めて自然です。しかし、刑事事件としては、(6)でいいましたように、違反行為をするのは、まず従業員や代表者などの個人で、個人が違反行為をした場合に、直接の実行行為者のほかに法人（事業者）も罰するという考え方をします（**両罰規定**）。入札談合は、基本合意があった上での個別調整の繰り返しですので、最初に合意をした当事者と、その後の個々の入札で実際に調整をしている人は異なることもあります。そうなると、最初に合意をした罪がずっと同じように続いているとはいい難い、したがって、状態犯である、という考え方も出てきます。

　第３回の５でいいましたように、不当な取引制限の「合意」に当たるのは入札談合では「基本合意」です。不当な取引制限の罪は独禁法で５年以下の懲役（または500万円以下の罰金）と規定されていて、刑事訴訟法によると長期10年未満の懲役に当たる罪の公訴時効は５年ですので、５年以上前に基本合意がなされて長く続いている入札談合ですと、このままでは、公訴時効との関係で刑事事件として起訴することができなくなります。そこで、入札談合では、今後物件ごとに個別に受注調整をしていくといった基本合意を「共同して相互に拘束すること」、その後に行われる個別の物件ごとに入札談合を実行すること（個別調整）を「共同遂行」と捉える考え方が登場します。

　このように、**刑事罰との関係では、基本合意とは別に物件ごとの個別調整を共同遂行と捉えることで、長年にわたって行われてきていて基本合意がいつ誰によって形成されたか不明な事案でも刑事責任を問うことが可能になる**ということがあり得るということです。一方、公正取引委員会が行う排除措置命令や課徴金納付命令といった行政処分では、合意で競争が制

第４回

独禁法違反の調査と違反行為への措置

限されている間、違反は継続すると考えられていますので、この観点で共同遂行に特別な意味を与える必要はありません。

3　民事訴訟

　はい、今回の最後、民事訴訟に入りましょう。

　ここで取り上げる損害賠償、差止請求は、行政措置や告発のように公正取引委員会による法執行というものではありません。**独禁法違反行為で被害を受けている人などが違反行為者に対して自分で民事訴訟を起こして、裁判で決着をつけるというもの**です。

　独禁法の目的は、公正かつ自由な競争秩序を維持すること、すなわち、競争をシステムとして維持するということです。公益と私益といういい方がありますが、これでいうと、独禁法は公益の保護を目的とするもので**特定の私人の利益という私益の保護を目的とするものではありません**。それもあって、独禁法の運用・執行は、公正取引委員会を中心に行われています。しかし、当然ながら、公正取引委員会の人員・予算には限りがあるので、すべての独禁法違反行為に行政処分や刑事告発を行うことはできません。一方で、独禁法違反行為の存在は、それで被害を受けている事業者が最もよく分かるということもありますし、被害を受けている事業者の中には訴訟を起こすだけの力（資金力、法務能力）と意欲を持っている者も多くいます。そこで、独禁法違反行為で私的な損害を受けている者が民事訴訟によって自らそうした行為に対処することは、独禁法違反行為に対する法執行を効果的に補完することになりますし、独禁法違反行為の排除に重要な役割を果たすことにもなります。

　独禁法の被害者は、一定の条件の下で、**損害賠償と差止請求をすること**ができます。

　損害賠償については、独禁法で規定されていることに加えて、民法の不法行為に当たるとして訴訟を提起することもできます。差止請求については、独禁法に規定があります。

（1）　損害賠償

　不当な取引制限や私的独占、不公正な取引方法などの独禁法違反行為を行った事業者や事業者団体には、**被害者に対する損害賠償義務**があって、**故意や過失がないことを理由としてその義務を免れることはできない**と独禁法に規定されています。不法行為を原因とする損害賠償は、通常、故意または過失がある場合にその賠償義務が生じますが、独禁法違反が排除措置命令や課徴金納付命令で確定した場合には、故意または過失がなかったことを証明して、損害賠償責任を免れることができません（無過失損害賠償義務）。

　行為と損害の間に因果関係が存在する限り、直接の需要者だけではなくて、**間接的な需要者もこの「被害者」に当たります。**

　また、独禁法違反行為は民法上の不法行為に該当し得るものですから、確定した排除措置命令などがなくても、民法上の不法行為に当たるとして損害賠償請求訴訟を提起することができます。

　損害の額は、民事訴訟法上の原則では、原告側で立証することが必要です。このため、以前の判決では、損害額の立証がないとして原告が敗訴になった事案もありました。

　平成10年（1998年）1月1日に施行された民事訴訟法の改正で、損害額の認定について、損害が生じたことが認められる場合で、損害の性質上その額を立証することが極めて困難であるときは、裁判所は、「口頭弁論の全趣旨及び証拠調べの結果」に基づいて、相当な損害額を認定することができるとの規定が設けられました。

　これまでにない新奇な考え方が新たに規定されたのかというと、そうではなくて、民事訴訟では、もともと民事訴訟法に、裁判所は判決をするに当たって、「口頭弁論の全趣旨及び証拠調べの結果」をしん酌（考慮）して、自由な心証によって、事実についての主張を真実と認めるべきかどうかを判断すると規定されているように「自由心証主義」ですから、この規定から導き出されるものではあります。だがやはり、明確に規定されたことの影響は大きくて、この改正以降、損害賠償請求訴訟に関する民事訴訟実務が大きく変わったといわれています。

　公正取引委員会は、独禁法違反行為に対する損害賠償請求訴訟制度の有効な活用を図るために、「独占禁止法違反行為に係る損害賠償請求訴訟に関する資料の提供等について」に基づいて、一定の資料を提供しています。

　独禁法違反を理由とする損害賠償請求訴訟は、このところ増えてきているようですが、多いのは、入札談合事件で排除措置命令が行われた場合に発注者である地方自治体等が訴訟を提起するというものです。また、民事訴訟法の上記の損害額の認定の規定に基づいて裁判所が弁論の全趣旨に基づいて損害額を算定するケースも多くなってきています。

(2)　差止請求

　次に、差止請求です。

　日本の法律では、違法な行為による被害については、損害賠償請求権による事後救済が原則です。このため、差止請求が可能なのは、通常、個別の立法で規定されている場合に限られます。

　独禁法では、不公正な取引方法によって、その利益を侵害され、または侵害されるおそれがある者は、不公正な取引方法により著しい損害を生じ、または生じるおそれがあるときは、行為者である事業者や事業者団体に対してその侵害の停止または予防を求めることができると規定されています。この規定は、独禁法違反行為（不公正な取引方法）に対する差止請求制度の導入等の民事的救済制度の整備を内容とする平成12年（2000年）の独禁法改正で導入されました。「その侵害の停止または予防」とありますが、これには不作為（……してはいけない）だけでなく、不作為による侵害を停止または予防するための作為（……しなさい）も含まれます。

　差止請求訴訟の対象は、不公正な取引方法に限定されています。これは、立法時に、不公正な取引方法は不当な取引制限や私的独占と違って、当事者にとって違反行為の立証が比較的容易であって、かつ特定の私人に被害が発生することが多くて、差止請求訴訟になじみやすいと考えられたためです。

　また、単に「損害」ではなく、「著しい損害」となっているのはどうしてかというと、**一般に差止請求を認容するには損害賠償請求を認容する場合よりも高度の違法性を要する**とされていることを踏まえつつ、不正競争

防止法等他の法律に基づく差止請求権との均衡や過度に厳格な要件を課した場合には差止請求の制度の利用価値が減殺されることにも留意しつつ定められたものであるからです。たとえば、その事業者が市場から排除されるおそれがある場合や新規参入が阻止されている場合など独禁法違反行為によって**回復し難い損害が生ずる場合**や、**金銭賠償では救済として不十分な場合**等がこの要件に該当するということです（**ヤマト運輸郵政公社事件**（東京高裁判決平成 19 年 11 月 28 日））。

　差止めが認められた事案としては、**神鉄タクシー事件**（大阪高裁判決平成 26 年 10 月 31 日）があります。これは、損害賠償と差止を求めた民事訴訟で、タクシー待機場所を公道上に整備した事業者の従業員が、そこに乗り入れた競争者のタクシーの前に立ちはだかったり、自社のタクシーを割り込ませるなどして、待機場所での利用者との契約締結を妨害した（他社のタクシーにお客さんが乗れないようにした）というものです。特定のタクシー待機場所での競争者の取引の機会をほぼ完全に奪っていることや、違反行為が物理的な実力を組織的に用いた妨害行為であることを挙げて、損害の内容、程度、独禁法違反行為の態様等を総合的に考慮することによって、この「著しい損害」という要件が認められました。

　独禁法に基づく差止請求訴訟と損害賠償請求訴訟は、毎年度の公正取引委員会年次報告に書かれています。たとえば、令和元年度の年次報告によると、この差止請求訴訟は、令和元年度当初に係属中のものが 2 件で、令和元年に新たに 1 件が提起され、これら 3 件のうち、最高裁判所が上告棄却と上告不受理の決定をしたことで終了したものが 1 件で、令和元年度末時点で係属中の訴訟は 2 件です。また、損害賠償請求訴訟のほうは、令和元年度当初に係属中のものも、同年度中に新たに提起されたものもありませんでしたが、この件数については、公正取引委員会がその存在を把握したものについて記載したもの、との注が付されています。

　損害賠償請求訴訟のほうには注が付されていて、差止請求訴訟のほうは確定値として記載されているのは、この差止請求訴訟については、公正取引委員会が公益の確保の観点から訴訟とは別途排除措置を講じることができるよう独禁法違反行為についての情報を公正取引委員会に提供するという観点から、裁判所は、差止請求の訴えが提起されたときは、その旨を公

正取引委員会に通知すると独禁法に規定されているのに対して、損害賠償請求訴訟のほうにはこうした規定はないためです。

> 優越的地位の濫用って?／
> そう、不公正な取引方法の
> 1つです

第5回

●CONTENTS●

1　優越的地位の濫用
2　不公正な取引方法

では、今回は、優越的地位の濫用から始めましょう。

 # 1　優越的地位の濫用

独禁法とは関係なく、「**優越的地位の濫用だよ！**」とか日常的に使ったことのある人もいることかと思います。立場の強い人、たとえば上司から無理難題な指示を出されたときに、「あれって、優越的地位の濫用だよね」と同僚とささやいてみたりとか。パワハラの定義でも「**優越的な関係**」という言葉が出てきます。

では、独禁法の「優越的地位の濫用」ではどのような行為が問題になっているのでしょう。たとえば、次のようなことがこれまで優越的地位の濫用として独禁法違反となっています（[図表5-1]）。

[図表 5 - 1]　優越的地位の濫用事例

購入・利用強制
・　映画の前売入場券、花火大会の入場券や海外旅行パックのような自社開発をした商品を購入させた（三越事件（同意審決昭和 57 年 6 月 17 日））。 ・　閑散期の稼働率の向上と収益確保のために、一定期間に限ってそのホテルで利用できる宿泊券を購入させた（カラカミ観光事件（勧告審決平成 16 年 11 月 18 日））。
協賛金等の負担要請
・　主な納入業者に対して、合理的根拠なく、かつ、金額に特段の算出根拠のない金銭提供をさせたり、取扱い優先順位の高い標準棚卸商品を 1 円納入させた（ローソン事件（勧告審決平成 10 年 7 月 30 日））。
従業員等の派遣要請
・　新規開店や棚卸し、棚替え等の際に、あらかじめ納入業者との間でその従業員等の派遣の条件について具体的に合意することなく、その納入業者が納入する商品かどうかを問わず、また、そうした作業に通常必要な費用を負担することなく、その従業員等を派遣させた（ドン・キホーテ事件（同意審決平成 19 年 6 月 22 日））。
その他
・　コンビニ本部が加盟者（お店）に対して、見切り販売の取りやめを余儀なくさせて、廃棄したら損をしてしまうことになるデイリー商品の原価相当額の負担を加盟者自らの合理的な経営判断に基づいて値引き販売をすることで軽減する機会を失わせていた（セブン・イレブン・ジャパン事件（排除措置命令平成 21 年 6 月 22 日））。 その他、不当な返品や減額、取引の対価の一方的決定などが問題となっている。

（1）　優越的地位の濫用とは

　では、独禁法で禁止されている優越的地位の濫用とは、どのようなものなのでしょう。

　優越的地位の濫用は、独禁法自体に規定されている不公正な取引方法の 1 つです。ということは課徴金の対象ということです。

この優越的地位の濫用は、**自己の取引上の地位が相手方に優越している**ことを利用して、**正常な商慣習に照らして不当に次のような行為をする**ことで、「次のような行為」とは、

[図表 5 - 2]　優越的地位の濫用に該当する行為

「次のような行為」（不利益行為）	
①	継続して取引する相手方に対して、その取引に関係する商品・役務（サービス）以外の商品・役務を購入させること（簡単にいえば、相手方にとって要らない商品・役務を買わせること）
②	継続して取引する相手方に対して、自分のために金銭、役務その他の経済上の利益を提供させること
③	取引に関係する商品の受領を拒み（受領拒否）、相手方から取引に関係する商品を受領した後にその商品を相手方に引き取らせ（不当な返品）、相手方に対して取引の対価の支払を遅らせたり（支払遅延）、その額を減らしたり（不当な値引き、減額）、そのほか、取引の相手方に不利益となるように取引の条件を設定したり、変更したり、取引を実施すること

つまり、

$\left\{ \begin{array}{l} \text{①　行為者である事業者が優越的地位にあって} \\ \text{②　その地位を利用して相手方に不利益を与えることが} \\ \text{③　公正競争阻害性（正常な商慣習に照らして不当に）を持つ} \end{array} \right.$

場合に、優越的地位の濫用（不公正な取引方法）として違法となります。
　優越的地位の濫用については、**優越ガイドライン**（「優越的地位の濫用に関する独占禁止法上の考え方」）が公表されていまして、「第1　優越的地位の濫用規制についての基本的考え方」から始まって、「自己の取引上の地位が相手方に優越していることを利用して」と「正常な商慣習に照らして不当に」について、さらに「優越的地位の濫用となる行為類型」ごとに考え方が明らかにされていて、優越的地位の濫用について分かりやすく記載されていますので、以下、これに沿って説明します。

(2) 規制の意義

まず、規制の意義についてです。

が、最初にいっておきたい重要なことは、**事業者がどのような条件で取引するかは、基本的に取引当事者間での自由な交渉の結果によるもので、**その結果いずれか一方の当事者の**取引条件が相手方に比べてとか、それ以前の条件と比べて不利になるということは当然に起こり得ることなので、それ自体で問題となることはないということです。**問題となるのは、一方の当事者の取引上の地位が相手方に優越している場合に、その当事者がその地位を利用して、取引の相手方に対して正常な商慣習に照らして不当に不利益を与えることです。

でも、一方の当事者の行為で他方が不利益を受けるということはいろいろとあって、そういうことは通常、当事者間で民事的に解決するのが基本ですよね。

では、**なぜこうした行為を独禁法（競争法）で規制する必要があるのでしょうか。**それは、このようなことが行われると、その取引の相手方の自由かつ自主的な判断による取引を阻害する（**自主的判断阻害**）ことになりますし、それとともに、その取引の相手方はその競争者との関係で競争上不利となる一方で、行為者はその競争者との関係で競争上有利となるおそれがある（**間接的競争阻害**）、つまり、**競争に影響があり得る**ということです。こういうことから、こうした行為は、公正な競争を阻害するおそれがあるので、不公正な取引方法の1つである**優越的地位の濫用として独禁法で規制されています。**

(3) 優越的地位

次に、「優越的地位」に行きましょう。

優越的地位にある（自己の取引上の地位が相手方に優越している）といえるためには、市場支配的な地位とか、それに準ずるような絶対的に優越した地位にある必要はありません。**取引の相手方との関係で相対的に優越した地位にあれば足ります。**そして、それは、取引の継続が困難になると事業経営上大きな支障を来すために、著しく不利益な要請等を行っても、こ

れを受け入れざるを得ないような場合を意味します。

　では、具体的なケースで優越的地位にあるかどうかをどのように判断するのかですが、行為者Ａが相手方Ｂと取引をしている場合に、ＡがＢに対して優越的地位にあるかどうかについては、①ＢのＡに対する取引依存度の大きさと、②Ａの市場における地位、③Ｂの取引先変更の可能性の有無、そして、④その他、ＢがＡと取引することの必要性を示す具体的事実を総合的に考慮して判断されます。

[図表５-３] 「優越的地位」にあるかどうかの判断

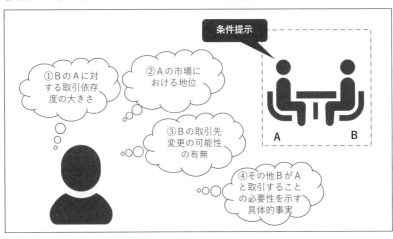

　つまり、Ａが取引先であるＢに対して優越した地位にあるとは、Ｂにとって Ａとの取引の継続が困難になることが事業経営上大きな支障を来すため、ＡがＢにとって著しく不利益な要請等を行っても、Ｂがこれを受け入れざるを得ないような場合をいいます。この判断に当たって、たとえば、ＢのＡに対する取引依存度が大きい場合、Ａの市場におけるシェアが大きい場合、Ｂが他の事業者との取引を開始したり拡大することが困難である場合、Ａと取引することでＢの取り扱う商品等の信用が向上するような場合には、ＢはＡと取引を行う必要性が高くなるため、Ｂにとって Ａとの取引の継続が困難になることは、Ｂの「事業経営上大きな支障を来す」ことになりやすいといえます。さらに、[図表５-２] の「次のよ

うな行為」（①から③）は「不利益行為」と呼ばれていますが、Bがこうした不利益行為を受け入れている事実が認められる場合には、これを受け入れるに至った経緯や態様等は、AがBに対する不利益行為の要請等を行えば、Bはその企業活動を維持するためにこれに応じざるを得ないような関係が存在していたかどうかを判断する上での考慮要素となり得ます。

　要は、AがBに対して優越した地位にあるといえるかどうかは、①Bの Aに対する取引依存度、②Aの市場における地位、③Bにとっての取引先変更の可能性、④その他Aと取引することの必要性・重要性を示す具体的事実など（これにはBがAによる不利益行為を受け入れている事実が認められる場合、これを受け入れるに至った経緯や態様等が含まれます）を総合的に考慮して、BにとってAとの取引の継続が困難になることが事業経営上大きな支障を来すため、AがBにとって著しく不利益な要請等を行っても、Bがこれを受け入れざるを得ないような場合であるかを判断するということになります。

（4）　公正競争阻害性

ア　「正常な商慣習に照らして不当に」

　個々の具体的な行為が「濫用」に該当するかどうかは、「正常な商慣習に照らして不当に」不利益を与えているかどうかを検討して判断されますが、この「正常な商慣習に照らして不当に」といえるかどうかは、問題となった業界での取引実態を加味しつつ、もっぱら公正な競争秩序維持の観点から判断されます。そして、具体的には、①取引の相手方にあらかじめ計算できない不利益を与えることとなる場合、②取引の相手方が得る直接の利益など（売上げなど）を考えて合理的であると認められる範囲を超えた負担となり、不利益を与えることとなる場合に、正常な商慣習に照らして不当に不利益を与えることとなります。

　つまり、先ほどのAとBでいうと、AからいわれたことがBやその他のAの取引先にとって無理難題で普通だったら断るんだけどAとの取引を止めるわけにはいかない（分かっちゃいるけど、やめられない！）ので、みんな甘んじて受け入れているというのが優越的地位の濫用ということに

なります。一方、Ａとの十分な交渉の結果、一定の条件で手を打ったのだけど、Ｂには法務部門がないため法律上のことがよく分かっていなくて、後で考えたら損をしていたといったこともあり得るでしょうが、こうした「分かってないので損をした」というのは消費者法や中小企業保護の分野で対象となる問題ではあっても、独禁法の優越的地位の濫用として禁止される対象ではありません。

イ 行為の広がり

さらに、どのような場合に公正な競争を阻害するおそれがあると認められるかについては、問題となる不利益の程度や、行為の広がり等を考慮して、個別の事案ごとに判断されます。公正な競争を阻害するおそれがあると認められやすいのは、①行為者が多数の取引の相手方に対して組織的に不利益を与える場合や、②特定の取引の相手方に対してしか不利益を与えていないときであっても、その不利益の程度が強い、またはその行為を放置すれば他にも波及するおそれがある場合ということになります。

この「行為の広がり」を考慮することについては、批判があります。

この点を説明するためには、後でまとめて説明しようと考えている公正競争阻害性にいう「公正な競争」とは何かに触れないといけないので、先走ってちょっとだけいいますと、「公正な競争」というのは２（２）で出てくる３つの条件が満たされていることをいいます。この公正な競争に悪影響を及ぼすおそれがあることが公正競争阻害性（公正な競争を阻害するおそれ）があるということなのですが、優越的地位の濫用は、この３つの条件のうちの３番目の「自由競争基盤の確保」（取引主体が取引の諾否と取引条件について自由かつ自主的に判断することによって取引が行われていること）が規制の根拠で、これを満たさないことを「自由競争基盤の侵害」といいます。

[図表５‐４]　「公平な競争」の３条件

---

① 　自由な競争の確保
② 　競争の手段の公正さの確保
③ 　自由競争基盤の確保

＊２（３）参照。

　先ほど（2）で優越的地位の濫用の規制の意義について説明した際に、「自主的判断阻害」と「間接的競争阻害」という言葉が出てきました。そして今、「取引主体が取引の諾否と取引条件について自由かつ自主的に判断することによって取引が行われていること」が優越的地位の規制の根拠といいました。であれば、自主的判断阻害がすなわち自由競争基盤の侵害であって、そうならないように自由競争基盤を確保することが優越的地位の濫用の規制なのだから、ある事業者の自主的判断が邪魔（阻害）されていれば公正競争阻害性がある（＝違法）のであって、間接的競争阻害は違法かどうかの判断要素としては不要で、したがって、行為の広がりは違法かどうかと関係ないのでは？　という意見もあります。実際、公正取引委員会は、違反事件の事実認定で間接的競争阻害の認定までしていないではないかということです。

　たしかに、この**間接的競争阻害は、違反であるというときに立証しなければならない要素（優越的地位の濫用の構成要件）ではありません**。ただ、優越的地位の濫用が自主的判断阻害という問題しか生じさせなくて、1対1の関係で問題だというのであれば、（2）の「規制の意義」のところでいいましたように、そういう行為は独禁法（競争法）で対処する必要があるのか、民法などの私法に任せればいいのではないかという疑問が出てくるかもしれません。しかし、そうではなくて、優越的地位の濫用は間接的競争阻害を与える行為でもあって、しかも「行為の広がり」があると市場における競争への悪影響が大きくなるので、独禁法で対応する必要のある行為なのですということ、つまり、**優越的地位の濫用を独禁法の対象として規制する趣旨をこの間接的競争阻害は示しているのです**。そしてまた、この「行為の広がり」があると競争上の問題が大きくなる（独禁法で対応する必要性が高まる）ということから、公正取引委員会が事件として取り上

げるべきかどうかを判断する際に考慮すべき事情（事件選択の基準）とも理解できるでしょう。

　さらに、実際に、優越的地位の濫用の事件を公正取引委員会が取り上げる際のことを考えると、たとえば、特定の１社が不利益を受けているという場合は、私的な紛争なのか優越的地位の濫用行為の一環なのか分かりにくいですし、優越的地位の濫用行為の疑いに関する情報（端緒）は多数寄せられていますので、影響が大きいと思われるものから調査を行っていくというのは通常のやり方です。独禁法が私的利益を保護するものではなく、公正な競争秩序という公益を保護することを目的とするものであるということからも、公正取引委員会が「行為の広がり」をその基準の１つとして考慮することには意味があります。そして、公正取引委員会が事件として審査をして命令を出す場合には、通常、一定数または相当数の事業者に対して具体的にこれこれの濫用行為を行っているという事実、すなわち「行為の広がり」の事実も認定しています。

(5)　取引の相手方には消費者も含まれる

　優越的地位の濫用に関する独禁法の規定では「取引の相手方」とのみ書かれていますので、**対事業者の取引だけでなく、対消費者の取引も対象となり得ます**。ただ、従来は、大規模小売業者と納入業者の取引に代表されるように、もっぱら事業者と事業者の取引（事業者間取引）で優越的地位の濫用は問題となってきました。

　さっき（3）でいいましたように、優越的地位にあるとは、取引の継続が困難になると大きな支障を来すために、著しく不利益な要請等を行っても、相手がこれを受け入れざるを得ないような場合で、事業者間の取引では、こういう状況はしばしばみられます。

　一方、消費者の場合は、通常、ある事業者の販売している商品・役務が気に入らなければ他の事業者が販売する商品・役務を買えばいいというように選択肢は複数ありますので、「取引の継続が困難になると大きな支障を来すために、著しく不利益な要請等を行っても、これを受け入れざるを得ないような場合」というのが実際上ありませんでした。ところが近年、たとえば、**SNS**などが普及して、場合によっては、**消費者にとっても、**

取引を止めると支障があるので不利益に条件が変更されてもこれを受け入れざるを得ない場合というのがあり得るのではないか、消費者がロック・インされて不利益をこうむるということもあるのではないかと指摘されるようになりました。このため、デジタル・プラットフォーム事業者が提供するデジタル・プラットフォームにおける個人情報等の取得や、取得した個人情報等の利用を対象にして、どのような行為が優越的地位の濫用として問題となるかという面から事業者と消費者との関係における優越的地位の濫用規制の適用について公正取引委員会が整理したのが**対消費者優越ガイドライン**（「デジタル・プラットフォーム事業者と個人情報等を提供する消費者との取引における優越的地位の濫用に関する独占禁止法上の考え方」）です。

[図表 5 - 5]　事業者対消費者の関係

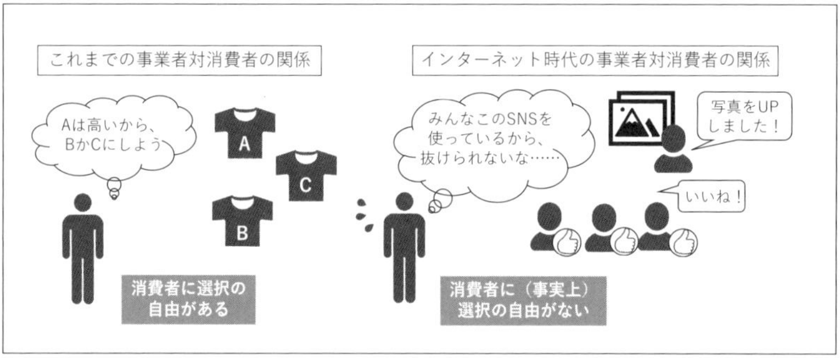

（6）　優越タスクフォース

　優越的地位の濫用の疑いに関する情報（端緒）は公正取引委員会に多数寄せられていまして、公正取引委員会が取り組むべき重要課題の 1 つです。排除措置命令・課徴金納付命令などの法的な措置を目指して公正取引委員会が行う審査は当然に重要ですが、この審査には時間を要します。そこで、これに加えて、優越的地位の濫用に関する情報に接した場合に、効率的かつ効果的な調査を行って、濫用行為の抑止と早期是正に努めるために、平成 21 年以来「**優越的地位濫用事件タスクフォース**」（優越タスク）が公正取引委員会の審査局に設置されています。この優越タスクでは、違反行為

の端緒を受けて、注意などの指導によって、早期に是正させることを目指した審査を主として行っています。

2 不公正な取引方法

と、以上、優越的地位の濫用を取り上げてきましたが、これは不公正な取引方法の1つということですので、次に、「不公正な取引方法って?」に進みましょう。

第2回で多少いいましたが、不公正な取引方法には、①独禁法自体で規定されている行為（法定5類型）と、②独禁法に規定されている①以外のものに該当する行為であって、公正な競争を阻害するおそれ（公正競争阻害性）のあるもののうち、公正取引委員会が指定するものの2種類があります。

[図表5-6] 不公正な取引方法の種類

①	独禁法自体で規定されている行為 （法定5類型） ・ 共同の取引拒絶 ・ 差別対価 ・ 不当廉売 ・ 再販売価格の拘束 ・ 優越的地位の濫用
②	独禁法に規定されている①以外のものに該当する行為であって、公正な競争を阻害するおそれ（公正競争阻害性）のあるもののうち、公正取引委員会が指定するもの

法定5類型の「共同の取引拒絶」と「差別対価」、「不当廉売」、「再販売価格の拘束」、「優越的地位の濫用」は、いずれも課徴金の対象です。課徴金という金銭的なサンクションが課される行為が②のように公正取引委員会の指定で決まるのはおかしい、法律で定めるべきということで、これら

は独禁法自体で規定されています。

(1) 一般指定と特殊指定

　公正取引委員会は、法定5類型以外のさまざまな行為を不公正な取引方法として指定しています。このような仕組みなのは、不公正な取引方法は、複雑かつ流動的な取引社会のうちに生ずる経済現象であるので、このような経済現象を対象として規制するには、その**規制に可能な限り弾力性を持たせる必要があって**、そのために、規制の前提となる経済実態とその変動の把握、そしてこれに即応した規制基準の設定・変更を行政機関である公正取引委員会に行わせるのが妥当であるからということです（**森永商事事件**（審判審決昭和43年10月11日））。もちろん、公正取引委員会が自由に指定できるわけではなくて、指定できるのは、**独禁法の規定**（例外的に条文番号を示しますと、2条9項6号のイ〜ヘ）のいずれかに該当する行為であって、公正な競争を阻害するおそれ（公正競争阻害性）のあるものの範囲内です。

　公正取引委員会の指定には、「**一般指定**」と「**特殊指定**」があります。

　業種横断的（すべての事業者）に適用されるのが**一般指定**（「不公正な取引方法」）です。また、特殊指定は、特定の事業分野に適用されるもので、**新聞特殊指定**（「新聞業における特定の不公正な取引方法」）、**物流特殊指定**（「特定荷主が物品の運送又は保管を委託する場合の特定の不公正な取引方法」）、**大規模小売業告示**（「大規模小売業者による納入業者との取引における特定の不公正な取引方法」）の3つがあります。

[図表 5 - 7]　一般指定と特殊指定

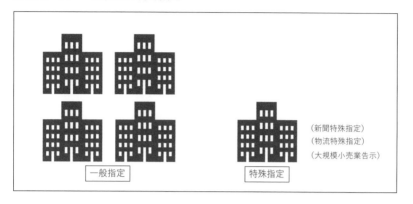

（新聞特殊指定）
（物流特殊指定）
（大規模小売業告示）

一般指定　　　　　　　　　　　特殊指定

（2）　公正な競争を阻害するおそれ（公正競争阻害性）

　不公正な取引方法は、公正な競争を阻害するおそれ（公正競争阻害性）のあるもので、**公正競争阻害性とは「公正な競争秩序に悪影響を及ぼすおそれのあること」**ですが、ここでいう「公正な競争」というのは、次のような状態であることをいいます。

　第一に、事業者相互間の自由な競争が妨げられていないこと、そして事業者がその競争に参加することが妨げられていないこと。これが**「自由な競争の確保」**で、これが満たされていないことを「自由競争の減殺（げんさい）」といいます。

　第二に、自由な競争が価格・品質・サービスを中心としたもの（能率競争）で秩序付けられていること。これが**「競争の手段の公正さの確保」**で、これが満たされていないことを「競争手段の不公正さ」といいます。

　第三に、取引主体が取引の諾否および取引条件について自由かつ自主的に判断することによって取引が行われていること。既に 1 （4）イの優越的地位の濫用のところで説明したように、これが**「自由競争基盤の確保」**で、これが満たされていないことを「自由競争基盤の侵害」といいます。

　この 3 つの条件が満たされていることが「公正な競争」で、こうした公正な競争に対し悪影響を及ぼすおそれがあることが公正競争阻害性があるということです。

[図表5-8] 「公正な競争」の3条件

① 自由な競争の確保	事業者相互間の自由な競争が妨げられていないこと、そして事業者がその競争に参加することが妨げられていないこと
② 競争の手段の公正さの確保	自由な競争が価格・品質・サービスを中心としたもの（能率競争）で秩序付けられていること
③ 自由競争基盤の確保	取引主体が取引の諾否および取引条件について自由かつ自主的に判断することによって取引が行われていること

(3)　公正な競争を阻害するおそれの「おそれ」

　公正な競争を阻害するおそれの「おそれ」は、①ある程度において自由な競争を妨げるおそれがあると認められる場合でよく、②具体的に競争阻害効果が発生していることや、その蓋然性（あることが実際に起こりそうなこと。確からしさ）が高いことまでは必要ではありません。つまり、**公正競争の確保を妨げる一般的抽象的な危険性があれば足りる**ということです（**高知県農協事件**（東京高裁判決令和元年11月27日））。

　第一次大正製薬事件（審判審決昭和28年3月28日）では、その競争の制限が一定の取引分野における競争を実質的に制限するものと認められる程度のものである必要はなくて、ある程度において公正な自由競争を妨げるものと認められる場合で足りるといっています。一方、**マイクロソフト非係争条項事件**（審判審決平成20年9月16日）では、ある程度において競争減殺効果発生のおそれがあると認められる場合であれば足りるものの、この「おそれ」の程度は、競争減殺効果が発生する可能性があるという程度の漠然とした可能性の程度でもって足りるということではなくて、その行為の競争に及ぼす量的・質的な影響を個別に判断して、公正な競争を阻害するおそれの有無が判断されることが必要といっています。

　要は、**なんとなくそういう可能性があるとか、理論的には可能性があるという程度ではなくて、実際にもそれなりにしっかりとした可能性があるという程度にいえればよい**というようにまずは理解しておけばいいでしょ

う。

（4）「正当な理由がないのに」と「不当に」と「正常な商慣習 に照らして不当に」

不公正な取引方法のそれぞれの行為には、「正当な理由がないのに」、「不当に」、「正常な商慣習に照らして不当に」という文言が規定されていますが、これらは意識的に区別して書かれています。

ア 「正当な理由がないのに」

「正当な理由がないのに」は、原則として違法となることを示すものです。**着うた事件**（審判審決平成 20 年 7 月 14 日）では、その行為を正当化する特段の理由（正当化事由）がない限り、公正競争阻害性を有するものといっています。

一般的に、違反行為の成立要件の立証責任（挙証責任、証明責任）は、すべて公正取引委員会にありますが、**正当化事由については、行為者（事業者）が具体的事実を適示して主張しなければならない**と考えられています。これを争点形成責任とか主張責任とかいいまして、**つまり、事業者が主張しなければ正当化事由は無いものとして扱われるということです。**

イ 「不当に」「正常な商習慣に照らして不当に」

「不当に」や「正常な商慣習に照らして不当に」は、原則として公正競争阻害性があるとはいえなくて、**個別に公正競争阻害性の有無を判断する必要がある**ということを意味しています。そのうち、「正常な商慣習に照らして不当に（な）」は、「不当に」と同様にもっぱら公正な競争秩序維持の観点から解釈すべきものであるけれども、それを判断するに当たって、その事業分野における正常な商慣習を加味するということを意味しています。

ここで注意しないといけないのは、「正常な商慣習」というのは、現に（実際に）存在する商慣習ではない、つまり、**現に存在する商慣習に合致しているからといって直ちに行為が正当化されることにはならない**ということです。

　たとえば、**野村證券事件**（勧告審決平成 3 年 12 月 2 日）では、証券会社が顧客の損失補填をしたことが不当な利益に当たらないかということが問題になったのですが、当時、証券会社による損失補填は事実上広く行われていましたが（現に存在する商慣習ではあったものの）、投資家が自己の判断と責任で投資をするという証券投資における自己責任原則に反し、証券取引の公正性を阻害するものであって、証券業における正常な商慣習に反するとして、損失補填は正常な商慣習に照らして不当な利益と判断されました。

(5)　正当な理由・正当化事由

　不公正な取引方法として規定されている行為を行ったとしても、**独禁法の究極の目的である一般消費者の利益という観点からみて、正当な理由（正当化事由）がある行為であれば、公正競争阻害性が認められないこともあり得ます。**

　たとえば、商品の安全性の確保は、直接の競争の要因とはその性格を異にするけれども、これが一般消費者の利益に資するものであることはいうまでもなく、広い意味での公益に係わるものというべきですので、その取引方法が安全性の確保のため必要であるかどうかは、この取引方法が「不当に」なされたかどうかを判断するに当たって考慮すべき要因の 1 つです（**東芝昇降機サービス事件**（大阪高裁判決平成 5 年 7 月 30 日））。つまり、「**安全の確保」は正当な理由となる余地があるということです。**

　一方、「正当な理由」とはもっぱら公正な競争秩序維持の見地からみた観念をいうのであって、単に通常の意味において「正当」のようにみえる場合、すなわち競争秩序の維持とは直接関係のない事業経営上または取引上の観点等からみて合理的または必要性があるにすぎない場合などは、ここにいう「正当な理由」があるということにはなりません（**和光堂事件**（最高裁判決昭和 50 年 7 月 10 日））。

　また、**日本遊戯銃協同組合事件**（東京地裁判決平成 9 年 4 月 9 日）は、ある非組合員の事業者が製造販売するエアーソフトガンについて、日本遊戯銃協同組合が定めた安全性の自主基準に適合しないということを理由として問屋や小売店に対してこの事業者の商品を取り扱わないようにさせたと

[図表 5 - 9]　判決での「正当な理由」の考え方]

正当な理由の考え方	裁判例
商品の安全の確保のためという理由 →「正当な理由」となる余地がある	東芝昇降機サービス事件（大阪高裁判決平成 5 年 7 月 30 日）
競争秩序の維持とは直接関係のない事業経営上または取引上の観点等からみて合理的または必要性があるにすぎない場合 →「正当な理由」とならない	和光堂事件（最高裁判決昭和 50 年 7 月 10 日）
①目的の正当性②内容の合理性③手段の相当性 →「正当な理由」判断	日本遊戯銃協同組合事件（東京地裁判決平成 9 年 4 月 9 日）
「中小小売業者の生き残りのため」「産業、文化の維持」 →「正当な理由」とならない	ハマナカ毛糸事件（東京高裁判決平成 23 年 4 月 22 日）
信用取引の安全を守り手形制度の信用維持を図るという公益目的 →「正当な理由」に当たる	東京手形交換所事件（東京高裁判決昭和 58 年 11 月 17 日）

いう妨害行為が争われた民事訴訟（民法の不法行為の規定に基づく損害賠償等請求訴訟）ですが、（この判決によれば）自主基準設定の目的が競争政策の観点からみて認められるものであって、かつ、基準の内容と実施方法がこの自主基準の設定目的を達成するために合理的なものである場合には、正当な理由があり、不公正な取引方法に該当せず、独禁法に違反しないことになる余地があるということです。つまり、「正当な理由」については、その行為の①目的の正当性（消費者利益に合致するか）、②内容の合理性（目的の達成に必要なものか）、③手段の相当性（他に適当な方法が存在せず、その行為が社会的に相当な手段といえるか）から判断されます。これら3つを充足すれば、「正当な理由」が基本的に認められるということになります。ただ、この判決では、日本遊戯銃協同組合が主張した「正当な理由」は認められていません。

　また、**ハマナカ毛糸事件**（東京高裁判決平成 23 年 4 月 22 日）では、「中

小小売業者の生き残りを図るという目的」や「産業としての、文化としての手芸手編み業を維持するという目的」が「正当な理由」として主張されましたが、前者については、中小小売業者が自由な価格競争をしないことで生き残りを図るということで、公正かつ自由な競争秩序維持の見地からみて正当性がないことは明らかであって、国民経済の民主的で健全な発達の促進という独禁法の目的に沿うともいえず、また、後者については、一般的にみて保護に値する価値とはいえるものの、それが一般消費者の利益を確保するという独禁法の目的と直接関係するとはいえない上、独禁法適用除外の指定（第9回で説明します）も受けていない商品について、こうした目的達成のために相手方の事業活動における自由な競争を阻害することが明らかな本件行為という手段をとることが必要かつ相当であるとはいえないとして、いずれも認められていません。

　一方、**東京手形交換所事件**（東京高裁判決昭和58年11月17日）では、手形交換所の取引停止処分について、信用取引の安全を守り手形制度の信用維持を図るという公益目的に資するものとして、手形交換業務と密接に関連し、あわせて重要な役割を果たしているとして、公正競争阻害性を否定しました。

(6)　不公正な取引方法の成立要件

　最後にまとめると、**個々の行為が①主体要件（事業者の行為であること）、②行為要件、そして、③公正競争阻害性（効果要件）のすべてを満たす場合に、不公正な取引方法に当たり独禁法に違反する**ということになります。

第6回

●CONTENTS●

　はい、では、**第6回**を始めます。

　前回は、よく耳にするであろう「優越的地位の濫用」と、それは不公正な取引方法の1つということで、「不公正な取引方法って何?」をお話ししましたが、今回と次回で、そのほかの不公正な取引方法、といっても、不公正な取引方法は法定5類型に加えて一般指定が15項まで規定されていますので、全部ということになると読んでいる皆さんが飽きてしまって本を投げ出すということになってはいけませんので、とりあえず**それらの一部**(一応、主なものということで)と、第2回で独禁法で禁止されている主な行為として挙げた3つの最後である私的独占を学びましょう。

1　価格制限行為

　まずは、不公正な取引方法のうち再販売価格の拘束など価格に関する制限行為、2で価格以外を制限する行為(非価格制限行為)を取り上げます。

　これらは、垂直的制限行為と呼ばれます。

　独禁法の世界では、垂直、水平という言葉が出てきますが、これらにあ

まり馴染みのない方も多いかと思われます。まず、［図表6-1］をご覧ください。

［図表6-1］　垂直と水平

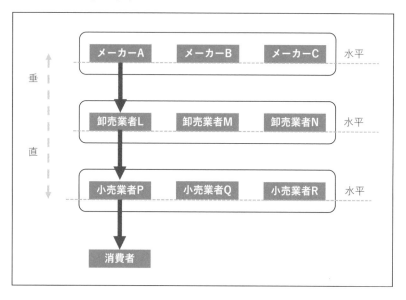

　商品は典型的には、メーカーから卸売業者、小売業者と流れて消費者の手に届きます。これを、この図の左側のように上から下に商品が流れていくという流れで縦に並べまして、このような流通段階の異なる事業者間の取引関係を「**垂直**」といいます。そして、メーカーから卸売業者へとか、メーカーから小売業者への制限行為が**垂直での制限行為（垂直的制限行為）**です。

　一方、競争関係にある複数のメーカーや卸売業者、小売業者は、横に並びます。第3回で取り上げたカルテル・入札談合などの不当な取引制限は、この同業者（競争事業者）による制限行為で、これは「**水平的制限行為**」です。

（1） 再販売価格の拘束

　では、垂直的な価格制限行為の１つである再販売価格の拘束を取り上げて説明します。

　価格制限などの垂直的取引制限については、**流通・取引慣行ガイドライン**（「流通・取引慣行に関する独占禁止法上の指針」）が重要です。この流通・取引慣行ガイドラインでは、日本の流通・取引慣行について、どのような行為が公正かつ自由な競争を妨げて独禁法に違反するかが具体的に明らかにされていまして、「流通」は垂直的な関係ですから、このガイドラインでは垂直的制限行為などについてその適法・違法性の判断基準が明らかにされているということです。

　［図表6-2］をご覧ください。

［図表6-2］　垂直的制限行為（価格制限行為と非価格制限行為）

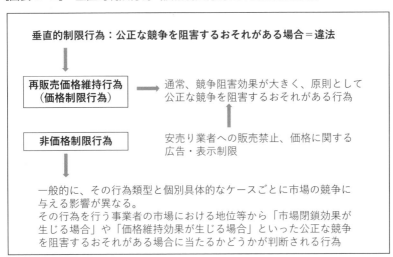

　まず、**垂直的制限行為**は、公正な競争を阻害するおそれがある場合に違法（独禁法違反）となります。「公正な競争を阻害するおそれ」は不公正な取引方法の成立要件ですので、つまり、**不公正な取引方法に当たる場合には違法になる**ということです。

　どのような場合に不公正な取引方法に当たるかについては、2つに分かれます。

　第一は、**再販売価格維持行為**です。これは要は、これから説明する再販売価格の拘束（価格制限行為）で、こうした再販売価格維持行為は、通常、競争阻害効果が大きくて、**原則として公正な競争を阻害するおそれがある行為**（原則違法の行為）です。

　第二は、**非価格制限行為**です。これは、そうした行為を行う事業者の市場における地位などから「**市場閉鎖効果が生じる場合**」や「**価格維持効果が生じる場合**」といった公正な競争を阻害するおそれがある場合に当たるかどうかが判断される行為ということになります。「市場閉鎖効果が生じる場合」や「価格維持効果が生じる場合」については、このあと2で説明します。ただし、非価格制限行為の中でも「**安売り業者への販売禁止**」と「**価格に関する広告・表示制限**」は、価格制限行為と同様の効果が生じるので、**再販売価格維持行為と同じように扱われます**（原則違法ですね）。

ア　再販売価格？

　「再販売価格の拘束」に入る前に、そもそも「再販売価格」という用語も一般的にはあまり馴染みのないものかと思われます。初めて「再販売価格」と聞くと、もう一回販売するときの価格だから、リサイクルの価格かな？　とか思いませんか。私は、経済学部の学生として確か産業組織論を学んだときだと思いますが、初めて「再販売価格」と聞いてそう思いました。

　［図表6-3］をみてください。メーカーはまず卸売業者に販売します。この価格は「販売価格」です。卸売業者はその商品を小売業者に売ります。この価格は、卸売業者にとっては「販売価格」ですが、メーカーからみると、卸売業者に売ってそこからもう一度販売されたということで「再販売」、自分（メーカー）が売った相手方の事業者がそれを再び売る価格ということで「再販売価格」です。その先、小売業者は消費者に売りますが、これはメーカーからみて正確には「再々販売価格」でしょうが、これも含めて「再販売価格」と呼んでいます。

[図表6-3] 再販売価格の拘束

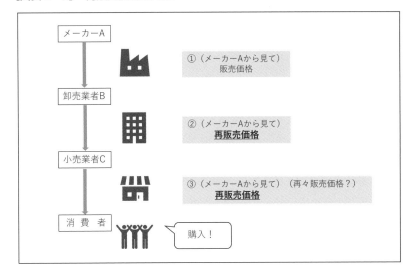

イ 再販売価格の拘束とは

　自分が販売する価格をいくらにするかは当然自分で自由に決めることができます。同様に、自分が売った相手方の事業者がそれをいくらで売るかは、その事業者が当然自由に決められるはずですが、**最初に売った人がそれ（再販売価格）をいくらにするか決めるということは、自分が売った相手方の事業者の価格設定を制約している、つまり「拘束」していることになりますので**、こうした行為を「**再販売価格の拘束**」といいます。

　再販売価格の拘束というのは、自己の供給する商品を購入する相手方に、正当な理由がないのに、次のいずれかの条件（拘束の条件）を付けて商品を供給することです。

　第一は、その商品を相手方が販売する価格を決めて相手方に維持させることです。[図表6-3]でいうと、メーカーが卸売業者に対してその卸売業者が販売する価格（再販売価格）（＝②の価格）を決めて守らせることです。第二は、相手方からその商品を購入する事業者は、その商品をさらに販売しますが、その際の販売価格を決めて相手方に対してその事業者がこ

の販売価格を維持するようにさせることです。メーカーの相手方である卸売業者はこの商品を販売して、これを小売業者が購入しますが、この小売業者がさらに販売する価格（これも「再販売価格」）（＝③の価格）をメーカーが決めて、卸売業者に対して小売業者に守らせるようにさせることです。

　つまり、自分の取引先に対してその取引先の販売価格を拘束することが第一の再販売価格の拘束、自分の取引先に対してそのさらに先の取引先が販売する価格を拘束させることが第二の再販売価格の拘束です。

　「自己の供給する商品を購入する相手方」とありますが、**この「相手方」には、直接の取引先だけでなく、間接の取引先も含まれます**。たとえば、メーカーが小売業者に対して、その小売業者が販売する価格を定めてそれを守らせるということもあります。この場合、小売業者はメーカーと直接に取引をしているわけではありませんが、そのメーカーの商品を購入していますので、この小売業者はメーカーからみて自己の商品（そのメーカーの商品）を購入する相手方に当たって、相手方の販売価格を拘束していることになります（第一の再販売価格の拘束）。

ウ　再販売価格の拘束の考え方

　事業者が市場の状況に応じて販売価格を自主的に決定することは、事業者の事業活動において最も基本的な事項であって、かつ、これによって事業者間の競争と消費者の選択が確保されます。このため、マーケティングの一環としてとか、流通業者の要請を受けて、**事業者が流通業者の販売価格を拘束する場合には、流通業者間の価格競争を減少・消滅させることになるので、このような行為は不公正な取引方法として原則として違法となります**。これが再販売価格の拘束の基本的な考え方です。

　再販売価格の拘束で、事業者が流通業者に対して示す価格は、確定した価格だけではなくて、割引額・割引率の制限や、事前の承認を求めたり、明示的に指定しなくても下限価格を暗示する場合も含まれます。

　ところで、**再販売価格の拘束は商品が対象**です。したがって、役務（サービス）はこの規定の対象ではありません。ただ、**役務の提供価格を拘束する場合も基本的な考え方は再販売価格の拘束に当たる場合と同様で**

す。

　たとえば、**20 世紀フォックス事件**（勧告審決平成 15 年 11 月 25 日）では、「スター・ウォーズ　エピソード 1　ファントム・メナス」や「スター・ウォーズ　エピソード 2　クローンの攻撃」などのフォックス映画作品を配給するに当たって、映画館に対して入場料金を定めたり割引を制限してこれらを守らせたことが違法（拘束条件付取引）となりました。

　皆さんは「**参考価格**」とか「**メーカー希望小売価格**」などといった表示をみたことがあるかと思います。こうした価格を決めて流通業者に通知したり、表示をすることが違法かどうかですが、再販売価格を「拘束」することが違法ですので、**単なる参考として示されているものであれば、それ自体は問題となるものではありません**。しかし、参考価格として単に通知するだけではなくて、**その価格を守らせたりする**（事業者が流通業者の販売価格を拘束する）**場合には、再販売価格の拘束に当たって原則として違法です**。

　再販売価格を「拘束」することが独禁法上問題となるわけですが、この「拘束」とは、その取引条件に従うことが契約上の義務として定められていることが必要ということではなくて、**それに従わない場合に経済上なんらかの不利益を伴うことによって現実にその実効性が確保されていれば足ります**（**和光堂事件**（最高裁判決昭和 50 年 7 月 10 日））。さらに今では、事業者のなんらかの人為的手段によって、流通業者がその事業者の示した価格で販売することについての実効性が確保されていると認められるかどうかで判断され（**実効性確保説**）、条件に従わない場合に経済上なんらかの不利益を伴う（これが必要という考え方を**不利益処分説**ともいいます）かどうかは関係ないと考えられています。

　そして、事業者の示した価格で流通業者が販売することについての実効性が確保されていることになるのは、①文書か口頭かを問わず、事業者と流通業者との間の合意でその事業者の示した価格で販売するようにさせている場合（**合意による場合**）と、②事業者の示した価格で販売しない場合に経済上の不利益を課したり、課すことを示唆することなどの**なんらかの人為的手段を用いることによって、その価格で販売するようにさせている場合**です。不当な取引制限の「拘束」と同じように、「拘束」に当たる範

いろいろな不公正な取引方法と私的独占①

115

囲はかなり広いということです。

エ　正当な理由があれば違法にならない（ただし、稀）

　再販売価格の拘束に当たる行為を行っても、「正当な理由」がある場合には、違法ではなくなる可能性があります。

　正当な理由があるとして再販売価格の拘束が認められるのは、①事業者による自社商品の再販売価格の拘束によって実際に競争促進効果が生じてブランド間競争が促進されて、②それによってその商品の需要が増大して、消費者の利益の増進が図られ、③そのような競争促進効果が再販売価格の拘束以外のより競争阻害的でない他の方法によっては生じ得ないものである場合に、④必要な範囲と必要な期間に限って実施する場合です（ブランド間競争促進効果）。

[図表6-4]　再販売価格の拘束が認められる「正当な理由」がある場合

①　自社商品の再販売価格を拘束したことで競争促進効果が生まれ、ブランド間競争が促進され
②　①によってその商品の需要が増大して、消費者の利益が大きくなり
③　その競争促進効果がほかのより競争阻害的ではない方法によっては起こらないものである場合に
④　必要な範囲と必要な期間に限って実施する場合

　そして、これに関連してよく挙げられるのが、「フリーライダー問題」です。

　ⓐある事業者の商品の販売前に多くの流通業者がその商品の販売促進活動を実施して、それによって需要が喚起されている場合、自らは販売促進活動を行わない流通業者もその商品を順調に販売することができます。ⓑこのような場合には、いずれの流通業者も自ら費用をかけて積極的な販売促進活動を行わなくなってしまって、本来であればその商品を購入したであろう消費者が購入しない状況に至ります。これをフリーライダー問題といいます。こうしたフリーライダー問題が現実に起こる場合に、たとえば、事業者が再販売価格の拘束を行うことでこうしたフリーライダー問題が解

消して、実際に競争促進効果が生じてブランド間競争が促進され、それによってその商品の需要が増大し、消費者の利益の増進が図られ、そうした競争促進効果が再販売価格の拘束以外のより競争阻害的でない他の方法によっては生じ得ないものである場合には、正当な理由があるということになります。

このフリーライダー問題の解消のための再販売価格の拘束は、これまでのところ、理論的な可能性としては主張されていますけれども、**実際にこれによって「正当な理由」が認められた例はありません。**

オ　価格指示が違法とならない場合

事業者が取引先事業者に対して価格を指示しても、通常、違法とはならない場合もあります。それは、事業者の直接の取引先事業者が単なる「取次」として機能していて、**実質的にみてその事業者が販売していると認められる場合**です。

第一は、いわゆる厳格な意味での委託販売の場合、第二は、メーカーと小売業者（またはユーザー）との間で直接価格について交渉して価格を決めていて、卸売業者は単に間に入って商品を運んで手数料を得ているだけで、実質的にメーカーが小売業者に販売していると認められる場合です。

(2)　安売り業者への販売禁止と価格に関する広告・表示規制

安売り業者への販売禁止と価格に関する広告・表示への規制（広告で価格を表示することを禁止するとか）は、形としては再販売価格の拘束のような価格制限行為ではなくて、非価格制限行為に当たりますが、(1)の「再販売価格維持行為」と同じように、通常、価格競争を阻害するおそれがあるので、原則として不公正な取引方法に該当して違法となります。

(3)　例外・独禁法が適用されないもの

最後に、このように再販売価格の拘束は原則として違法ですが、**例外的に再販売価格維持行為が認められているものがあります**（詳しくは、**第9回**で説明します）。それは、再販指定商品と著作物です。現在、再販指定商品はありませんが、著作物（書籍、雑誌、新聞、レコード、音楽用テープと

音楽用CDに限定されています）については、出版社などは取引先との間で
再販売価格維持契約を締結することができます。だから、本は全国どこで
もふつうは同じ値段で売られています。**この本もそうですね**。ただし、協
同組合等に対しては、再販行為を行うことはできません。大学の生協など
で本が安く売られているのは、このおかげです。

 # 2　非価格制限行為

さて、続いて、垂直的制限行為の非価格制限行為に進みましょう。
1 (1) でも挙げた［図表6-2］をご覧ください。

［図表6-2］　垂直的制限行為（価格制限行為と非価格制限行為）（再掲）

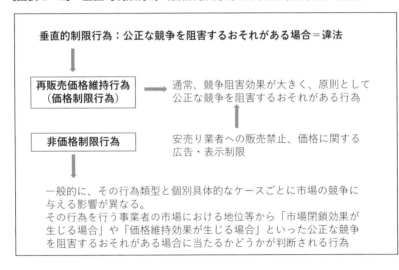

　取引先、販売地域、販売方法などの**価格以外による制限行為**は、一般的
に、その行為の種類と個別具体的なケースごとに市場の競争に与える影響
が異なります。事業者の市場における地位などから、「市場閉鎖効果が生
じる場合」や「価格維持効果が生じる場合」といった公正な競争を阻害す

るおそれがある場合に当たるかどうかが判断される行為ということになります。

　ということで、非価格制限行為が違法となるかどうかの判断に当たっては①「市場閉鎖効果」と②「価格維持効果」がキーワードとなりますが、まず、①「**市場閉鎖効果が生じる場合**」は、非価格制限行為によって、新規参入者や既存の競争者にとって代替的な取引先を確保することができなくなり、事業活動に要する費用が引き上げられる、新規参入や新商品開発等の意欲が損なわれるといったように、**新規参入者や既存の競争者が排除される、またはこれらの取引機会が減少するような状態をもたらすおそれが生じる場合**です。たとえば、市場での地位が高い事業者がこうした制限を行うと、市場での地位が高くない事業者が行う場合よりも市場閉鎖効果が生じる可能性は高いということになります。市場閉鎖効果が生じる場合とは、そうした「おそれが生じる場合」ですので、具体的にこのような状態が発生することまでは不要です。

　次に、②「**価格維持効果が生じる場合**」は、非価格制限行為によって、そうした行為の相手方とその競争者間の競争が妨げられて、そうした**行為の相手方がその意思で価格をある程度自由に左右し、その商品の価格を維持または引き上げることができるような状態をもたらすおそれが生じる場合**です。たとえば、市場が寡占的であったり、ブランドごとの製品差別化が進んでいて、ブランド間競争が十分に機能しにくいという状況にある場合に、市場における有力な事業者が厳格な地域制限（これは**(2)** アで出てきます）を行うと、そのブランドの商品についての価格競争が阻害されて、価格維持効果が生じるということになり得ます。市場閉鎖効果の場合と同じく、価格維持効果が生じる場合とは、そうした「おそれが生じる場合」ですので、具体的にこのような状態が発生することまでは不要です。

(1)　非価格制限行為の具体例その1――排他条件付取引

　では、非価格制限行為に当たる具体的な個々の行為類型に入っていきましょう。

　まずは、「排他条件付取引」です。これは、不当に、相手方が競争者と取引しないことを条件としてその相手方と取引し、競争者の取引の機会を

減少させるおそれがあることです。つまり、①取引条件が相手方の事業活動を拘束するものであること、②その拘束の内容が排他的なものであること、そして、③不当に競争者の取引の機会を減少させるおそれがあること（排他条件付取引の公正競争阻害性）の3つの要件すべてを満たす場合に、不公正な取引方法の1つである排他条件付取引として違法となります。

[図表6-5]　「排他条件付取引」の成立要件

① 取引条件が相手方の事業活動を拘束するものであること ② その拘束の内容が排他的なものであること ③ 不当に競争者の取引の機会を減少させるおそれがあること 　（排他条件付取引の公正競争阻害性）

　といっても分かりにくいかもしれませんので、これまでに問題になった事例をまず紹介します。

[図表6-6]　排他条件付取引が問題になった審判決

排他的供給契約	
ⓐ 同社の製品と競合する他社製品を取り扱わないこと ⓑ 同社の特約店以外の販売業者に同社の製品を販売しないこと などを内容とする特約店契約を締結させた事件	東洋精米機製作所事件（東京高裁判決昭和59年2月17日）
排他的購入契約	
ⓐ 全量を同農協を通じて購入すべきとの規定がある「牛乳取引契約書」を締結 ⓑ 実際に大分県外の飲用乳製品を取り扱った乳業者に対して、その取引を止めさせたり、生乳の供給を継続できないと告知した事件	大分県酪農農業協同組合事件（勧告審決昭和56年7月7日）

最初の例は、**東洋精米機製作所事件**（東京高裁判決昭和59年2月17日）です。

　東洋精米機製作所は精米機などの食糧加工機の製造業者で、製品の大部分を食糧加工機の販売業者を通じてお米屋さんに販売していました。そして、販売業者との間で、ⓐ同社の製品と競合する他社製品を取り扱わないことやⓑ同社の特約店以外の販売業者に同社の製品を販売しないことなどを内容とする特約店契約を締結して実施していたというものです（排他的供給契約の例）。

　もう1つは、**大分県酪農農業協同組合事件**（勧告審決昭和56年7月7日）です。

　大分県酪農農業協同組合は大分県内で生産される生乳の約9割を一手に集荷して、大分県内の牛乳や乳飲料の製造業者（乳業者）に販売していました。そして、同農協は乳業者との間で全量を同農協を通じて購入すべきとの規定がある「牛乳取引契約書」を締結して、実際にも、たとえば、大分県外の飲用乳製品を取り扱った乳業者に対して、その取引を止めさせたり生乳の供給を継続できないと告知したりしたというものです（排他的購入契約の例）。

　このような排他条件付取引は、相手方の事業活動を不当に拘束する条件で取引する行為ですので、まず、①の「**相手方の事業活動の拘束**」とは何かですが、この「拘束」は、再販売価格の拘束の「拘束」と同じです。つまり、「拘束」があるというためには、**必ずしもその取引条件に従うことが契約上の義務として定められていることは必要ではなくて、それに従わない場合に経済上なんらかの不利益を伴うことなどによって現実にその実効性が確保されていれば足りる**ということです。

　②の「**排他条件**」（競争者と取引しないことを条件として相手方と取引すること）というのは、たとえば、ある商品を自己のみから購入すること（全量購入）、競合品を一切取り扱わないことを条件として取引すること（あるメーカーの商品のみを販売して競争者の商品を取り扱わないこと）（専売店制）、また、あるメーカーの商品の全部を一手に購入して他の販売業者に扱わせないこと（一手販売契約）などのことです。

　③は、排他条件付取引の公正競争阻害性で、これは「**市場閉鎖効果**」で

す。ⓐ一般に相手方が自己の競争者から物資等の供給を受けないことを条件としてこれと取引することは、それ自体は違法ではなくて、ある事業者Ａがこのような競争方法をとっても、その競争者である別の事業者Ｂにとって、Ａと取引している者以外に代わりの取引の相手方を容易に見つけられるかぎり、Ｂはこれとの取引によって価格、品質、数量、サービス等のいわゆる能率による本来の競争によって、その市場へ進出することは少しも妨げられないので、Ａのこのような競争方法はなんらＢに対して脅威となるものではなく、結局において公正な競争を妨げるものといえない、ⓑけれども、そうでない限り（代わりの取引の相手方を容易に見つけられない場合）、Ｂはその競争の条件によって既に不利益を受け、本来の競争による市場進出はＡによって人為的に妨げられることとなるので、Ａのこのような競争方法は不当なものであるということです（**北海道新聞社事件**（東京高裁判決昭和29年12月23日））。

　つまり、ⓐ**公正競争阻害性の有無は、行為者のする排他条件付取引によって行為者と競争関係にある事業者が利用することのできる流通経路がどの程度閉鎖的な状態におかれることとなるかによって決まる**、ⓑ**一般に一定の取引分野において有力な立場にある事業者がその製品について販売業者の中の相当数の者との間で排他条件付取引を行う場合には、その取引には原則的に公正競争阻害性が認められるものとみて差し支えない**ということです（先ほど紹介した**東洋精米機製作所事件東京高裁判決**）。

　では、どういう場合に問題になるかというと、市場における有力な事業者が、たとえば、取引先事業者に対して、自己（自己と密接な関係にある事業者も含まれます）の競争者と取引しないよう拘束する条件を付けて取引する行為とか、取引先事業者に対して自己の商品と競争関係にある商品（競争品）の取扱いを制限するよう拘束する条件を付けて取引する行為を行うことによって「市場閉鎖効果」が生じる場合には、不公正な取引方法に該当して違法となります。

　より具体的には、①市場での有力な完成品メーカーが、有力な部品メーカーに対して、自己の競争者である完成品メーカーには部品を販売しないように要請したり、部品の販売を制限するよう要請したりして、そうしますという同意を取り付けることとか、②市場における有力なメーカーが、

流通業者に対して、取引の条件として自社商品のみの取扱いを義務付けることがこうした行為に当たります。

　この場合に、「市場における有力な事業者」かどうかについては、その市場におけるシェアが 20％を超えることが一応の目安になります。これは、20％を超えればそうした行為は違法になるということではなくて、「市場における有力な事業者」といえるためには、少なくともシェア 20％を超えている必要がある、したがって、シェア 20％以下の事業者や新規参入者は「市場における有力な事業者」に当たらないということになりますので、これらの事業者については、仮に形式的に「自己の競争者との取引等の制限」に当たる行為をしても、通常、公正な競争を阻害するおそれはなく違法とはならないということになります。こうした事業者は、そうした行為をしても違法とはならないということで安心できるということから、「セーフハーバー基準」とも呼ばれています。

[図表 6 - 7]　セーフハーバー基準

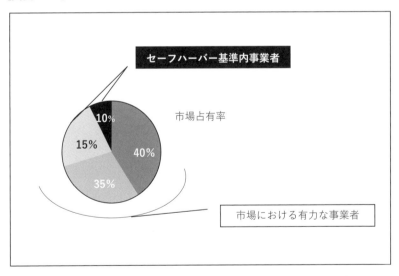

（2）　非価格制限行為の具体例その2──拘束条件付取引

次は、「拘束条件付取引」です。

これまで説明した再販売価格の拘束も排他条件付取引も「拘束」の下での行為ですので、拘束条件付取引は、相手方とその取引の相手方との取引その他相手方の事業活動を不当に拘束する条件をつけてその相手方と取引するもののうち、再販売価格の拘束や排他条件付取引以外の行為です。つまり、拘束条件付取引は拘束条件型の不公正な取引方法を広く対象にしていて、①取引条件が相手方の事業活動を拘束するものであることと、②公正競争阻害性（不当に）が認められると、不公正な取引方法として違法となります。

拘束する条件については、再販売価格の拘束や排他条件付取引の場合と同じです。

[図表6-8]　不公正な取引方法となる「拘束条件付取引」

①　取引条件が相手方の事業活動を拘束するものであること ②　公正競争阻害性（不当に）が認められる場合

このように、拘束条件付取引は、拘束条件型の不公正な取引方法を広く対象にしていますので、販売地域の制限、販売先の制限、販売方法の制限などさまざまな行為がありますが、主なものとして挙げるとすれば、以下のア～ウでしょう。

ア　販売地域の制限を条件につける方法

拘束条件付取引の代表例の1つ目は「販売地域の制限を条件につける方法」です。たとえば、メーカーが流通業者（卸売業者や小売店）に対して販売地域に関する制限を課すことには、いろいろなやり方があります。

流通業者に対して、一定の地域を責任地域として定めたり、その地域で積極的な販売活動を行うことを義務付けること（**責任地域制**）や、流通業者に対して、店舗等の販売拠点の設置場所を一定地域内に限定したり、販売拠点の設置場所を指定すること（**販売拠点制**）は、通常、これによって

価格維持効果が生じることはありませんので、違法とはなりません。

　一方、**流通業者に対して一定の地域を割り当てて、地域外での販売を制限すること**（厳格な地域制限）は、**市場における有力な事業者が流通業者に対して、こうした厳格な地域制限を行って、これによって「価格維持効果が生じる場合」には、不公正な取引方法に該当して違法となります。**

　さらに「地域外顧客への受動的販売の制限」というカテゴリーがありますが、これは、流通業者に対して一定の地域を割り当てて、「地域外での販売を制限すること」という厳格な地域制限に止まらず、さらに、地域外の顧客からの求めに応じた販売も制限することです。「厳格な地域制限」ですと、地域外の顧客からの求めに応じた販売は制限されませんので、顧客からみると、自分の地域の店が気に入らなければ他の地域の店に行って購入することができますが、「地域外顧客への受動的販売の制限」になると、顧客は自分の地域の店からしか購入することができなくなって、顧客にとっての選択肢はより少なくなったり、なくなったりしてしまいます。

　こうした違いを受けて、「地域外顧客への受動的販売の制限」では、**市場における有力な事業者かどうかに関わらず、事業者が流通業者に対して地域外顧客への受動的販売の制限を行って、これによって「価格維持効果が生じる場合」には、不公正な取引方法に該当し違法となります。**

イ　流通業者の販売先に関する制限を条件につける方法

　拘束条件付取引の代表例の2つ目、「流通業者の販売先に関する制限」は、流通業者に対して、その取引先を特定の事業者に制限して販売活動を行わせることです。具体的には以下のような方法で制限をします。

(ア)　帳合取引の義務付け

　「帳合取引」とは、小売業者が特定の卸売業者のみから仕入れをする取引（小売業者の仕入先として特定の卸売業者が決まっている取引）ですので、これは、事業者が卸売業者に対してその販売先である小売業者を特定させて、小売業者が特定の卸売業者としか取引できないようにすることです。これによって価格維持効果が生じる場合には、不公正な取引方法に該当して違法となります（「地域外顧客への受動的販売の制限」と同じ考え方）。

(イ)　仲間取引の禁止

「仲間取引」とは、卸売業者同士の取引ですので、事業者が流通業者に対して、商品の横流しをしないよう指示することです。これによって価格維持効果が生じる場合には、不公正な取引方法に該当して違法となります。

(ウ)　安売り業者への販売禁止・価格に関する広告・表示規制

「安売り業者への販売禁止」と「価格に関する広告・表示規制」をした場合には、1 (2) で説明したとおり、価格制限行為と同様の考え方が当てはまって、原則違法となります。

ウ　小売業者の販売方法に関する制限を条件に付ける方法

拘束条件付取引の代表例の最後、「小売業者の販売方法に関する制限」は、商品の説明販売を指示することや、商品の宅配を指示すること、商品の品質管理の条件を指示すること、自社商品専用の販売コーナーや棚場を設けることを指示することなどです。

事業者が小売業者に対して販売方法を制限すること（小売業者の販売方法の制限）については、商品の安全性の確保や、品質の保持、商標の信用の維持などのために行うことがあります。そこで、このように**その商品の適切な販売のためのそれなりの合理的な理由が認められて、かつ、他の小売業者に対しても同等の条件が課されている場合には、それ自体は独禁法上問題とはなりません。**

しかし、事業者が小売業者の販売方法の制限を手段として、小売業者の販売価格や、競争品の取扱い、販売地域、取引先等についての制限を行っている場合には、独禁法上の問題となり得るということになります。分かりやすい例としては、たとえば、出荷停止をしたのは一定の制限事項を遵守しない小売業者に対してであると、ある事業者がいっているものの、この一定の遵守事項を守っていない小売業者は相当いるのに、実際に出荷停止をされたのは安売りを行った小売業者だけ、という場合には、通常、販売方法の制限を手段として販売価格について制限を行っていると判断されます。

[図表6-9] 販売方法の制限による販売価格制限

(3) 非価格制限行為の具体例その3──抱き合わせ販売

「抱き合わせ販売」は、相手方に対して、不当に、商品・役務の供給に併せて他の商品・役務を自己（または自己の指定する事業者）から購入させることやその他自己（または自己の指定する事業者）と取引するように強制することです。

ある商品・役務の供給に併せて、ある商品・役務を購入させることが「抱き合わせ」で、供給するある商品・役務を「主たる商品」、購入させるある商品・役務を「従たる商品」といいます。抱き合わせ販売は、①**主たる商品・役務と従たる商品・役務が別個の商品・役務であること**と、②**取引の強制があること**、そして③**公正競争阻害性（不当に）が認められることの3つの要件**を満たすと、不公正な取引方法として違法となります。

[図表6-10] 不公正な取引方法となる「抱き合わせ販売」の要件

① 主たる商品・役務と従たる商品・役務が別個の商品・役務であること
② 取引の強制があること
③ 公正競争阻害性

ア 市場閉鎖効果がある「抱き合わせ販売」

ある商品（主たる商品）の市場における**有力な事業者**が、取引の相手方

に対して、その商品の供給に併せて他の商品（従たる商品）を購入させることによって、従たる商品の市場で「市場閉鎖効果」が生じる場合には、不公正な取引方法に該当して違法となります。

　たとえば、**日本マイクロソフト抱き合わせ事件**（勧告審決平成10年12月14日）では、当時、表計算ソフト「エクセル」ではマイクロソフトが市場シェア1位である一方、ワープロソフトではジャストシステムの「一太郎」が市場シェア1位でした。そこで、マイクロソフトは、自社のワープロソフトであるワードの市場シェアを高めるために、パソコン製造販売業者（パソコンメーカー）に対して、自社の表計算ソフトであるエクセルとワープロソフトであるワードを併せてパソコン本体に搭載して出荷する契約を受け入れさせました。その結果、パソコンメーカーからみれば、既にワープロソフトとしてはワードが搭載されていることになって、さらにそれに一太郎を搭載するとコスト高になりますから、一太郎を搭載しないようになり、マイクロソフトのワープロソフトであるワードが市場シェア1位を占めるに至りました。このことが**不公正な取引方法の抱き合わせ販売として違法**となったものです。

イ　競争手段が不公正な「抱き合わせ販売」

　以上は、市場閉鎖効果が問題となる「抱き合わせ販売」ですが、このほか、顧客の選択の自由を妨げるおそれがあって、価格、品質、サービスを中心とする能率競争の観点から、競争手段として不当である場合に不公正な取引方法に該当し違法となるという「抱き合わせ販売」もあります。

　典型事例としては、**藤田屋事件**（審判審決平成4年2月28日）があります。平成2年（1990年）に発売されたファミリーコンピュータ（ファミコン）用ロールプレイングゲームであるドラゴンクエストⅣ、これが爆発的な人気で、発売日に多くのファンが学校や会社を無断欠席や無断欠勤したことが社会問題とまでなったほどで、品薄となって、手に入れにくい状況となりました。そうした中、家庭用テレビゲーム機用ゲームソフトの二次卸売業者である藤田屋が、**在庫となっているゲームソフトとドラゴンクエストⅣを抱き合わせて小売業者に販売した**ものです。藤田屋のほか、卸売業者10社に対しても、公正取引委員会は同様の行為で勧告をしました（これら

は勧告審決で終了）。

　また、新型コロナウイルスに関連した感染症の発生に伴って、マスク等の衛生用品が店頭で品薄となって、一部の販売事業者が**マスクに他の商品を抱き合わせて販売していた**ことから、業界団体に要請をしています（新型コロナウイルスに関連した感染症の発生に伴うマスク等の抱き合わせ販売に係る要請について（公取委報道発表令和2年2月27日））が、これは、**競争手段として不当な抱き合わせ（競争手段が不公正）**という**観点からの要請**といえます。

[図表6-11]　抱き合わせ販売が問題になった事例

市場閉鎖効果がある「抱き合わせ販売」	
パソコン本体に以下をセットで搭載して出荷する契約を締結 エクセル（Excel） ＋ ワード（Word）	日本マイクロソフト抱き合わせ事件（勧告審決平成10年12月14日）
競争手段が不公正な「抱き合わせ販売」	
品薄のドラゴンクエストⅣ ＋ 余剰在庫の他のゲームソフト	藤田屋事件（審判審決平成4年2月28日）
品薄のマスクなどの衛生用品 ＋ 他の商品	新型コロナウイルスに関連した感染症の発生に伴うマスク等の抱き合わせ販売に係る要請について（公取委報道発表令和2年2月27日）

3　まとめ──価格制限行為と非価格制限行為の違い

　ところで、事業者は、価格のほかに、品質や品揃え、丁寧な接客、迅速な配送などさまざまな手段で競争をしていますが、これまでお話ししたよ

うに、垂直的制限行為のうち**価格制限行為は非価格制限行為と違って独禁法では「原則として違法」**と考えられています。

　どうしてでしょうか。

　これは、**第2回**でお話ししましたように、**独禁法の主たる目的が公正かつ自由な競争の促進で、これを実現することで一般消費者の利益を確保することを究極の目的の1つとしているということを思い起こすと理解しやすい**かと思われます。

　非価格制限行為の場合、効率的に販売活動を行うとか、商品・役務（サービス）の説明をしっかりとするとか、安全性や品質を確保するとか、そもそも消費者の利益となる目的のために行われるということが多くあります。たとえば、事業者が自社の商品を扱う卸売業者や小売業者に関して一定の基準（商品の説明販売をするとか、商品の宅配をするとか、商品の品質管理の条件を守るとか、自社商品専用の販売コーナーや棚場を設けるとか）を設定して、こうした基準を満たす卸売業者や小売業者にだけ商品を取り扱わせることを「選択的流通」といいますが、この基準とこれに基づいて実際に行っていることが消費者の利益になるものであれば独禁法上問題にはなりません。

　一方、価格について消費者は通常、同じものであればより安いものを選びますし、当然、そのほうがお得です。1（1）エの再販売価格の拘束の正当な理由のところで、フリーライダー問題の解消といった価格を制限（価格が下がらないように）しても独禁法上問題とならない場合をお話ししましたが、これはごくごく例外的な場合です。

　つまり、非価格制限行為の場合は、そうした制限がそもそも消費者の利益になることが一般的にあり得る一方、競争制限的な場合もあるのに対し、価格制限行為の場合は、通常は消費者利益に反するのですが、ごくごく例外的に消費者利益になる場合もあり得るということですので、**価格制限行為（再販売価格の拘束）は、非価格制限行為と違って「原則として違法」と考えられている**ということになります。

ほかにも独禁法違反行為はあります／いろいろな不公正な取引方法と私的独占②

第7回

●CONTENTS●

1　取引拒絶
2　取引妨害
3　不当廉売
4　差別対価
5　私的独占

　さて、前回に続いて、残りの不公正な取引方法と私的独占に進みましょう。

　といっても、前回の冒頭でお話ししたように、不公正な取引方法の全部となると法定5類型に加えて一般指定で15もあるので、最後まで読んでもらえなくなりそうですので、以下、その他の主な不公正な取引方法として、共同の取引拒絶（共同ボイコット）、単独の取引拒絶（その他の取引拒絶）、取引妨害、不当廉売、そして差別対価に限って順次説明し、最後に第6回の冒頭で予告したとおり、私的独占の説明をします。

 # 1　取引拒絶

（1）　共同の取引拒絶

　まず、取引拒絶のうちの共同の取引拒絶です。

　これは、正当な理由がないのに、競争者と共同して、①ある事業者に対

して、供給を拒絶したり、供給する商品・役務（サービス）の数量・内容を制限すること、②他の事業者に、ある事業者に対する供給を拒絶させたり、供給する商品・役務の数量・内容を制限させることのいずれかに当たる行為をすることです。

[図表 7 - 1]　共同の取引拒絶

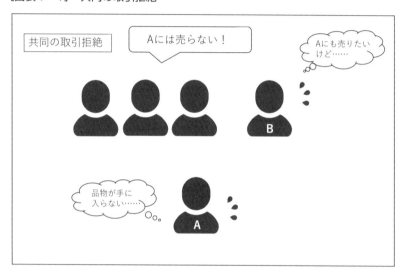

　こうした供給を拒絶する行為（売り手としての共同の取引拒絶）が**第 5 回**の 2 でやりました法定 5 類型の 1 つ（すなわち、課徴金の対象）として規定されています。

　一方、供給を受けることを拒絶する共同の取引拒絶（買い手としての共同の取引拒絶）は、**一般指定で規定されています**。これも当然ながら**不公正な取引方法として違法ですが、課徴金の対象ではありせん**。

　では、なぜ、売り手としての共同の取引拒絶だけが課徴金の対象となったのでしょうか。

　共同の取引拒絶の違反事例は、いずれも売り手としての共同の取引拒絶でした。このため、これについては課徴金という金銭的不利益を課すことで違反を抑止する必要性が認められました。一方、一般的に、**違反行為の**

抑止のために新たにより強いサンクションを設けることについては謙抑的である必要がありますが、買い手としての共同の取引拒絶の違反事例はなかったことから、こうした行為を課徴金の対象とする必要性は認められないということです。

第3回で「立法事実」について説明しましたが、買い手としての共同の取引拒絶を課徴金の対象とすることについては、立法事実がなかったということになります（不安な人は第3回の1（2）カのところをみてください）。

話を戻しますと、①競争者と共同して、②取引を拒絶すること（または他の事業者に取引を拒絶させること）によって、③公正競争阻害性（正当な理由がないのに）が認められれば、共同の取引拒絶（不公正な取引方法）として違法となります。まず、共同の取引拒絶の規制が何を目標にしているかですが、それは、複数の事業者がお互いに連絡し合って共同で取引を拒絶すると、**取引を拒絶された事業者は市場における事業活動が不可能になったり著しく困難になったりするので、そうした問題が生じないようにすること**です（**着うた事件**（東京高裁判決平成22年1月29日））。

そして、「共同して」に該当するためには、単に複数事業者間の取引拒絶行為の外形が結果的に一致しているという事実だけでなく、行為者間相互にその取引拒絶行為を共同でする意思、つまり、その取引拒絶行為を行うことについての「意思の連絡」が必要です。また、「意思の連絡」については、複数事業者が同じ内容の取引拒絶行為を行うことをお互いに認識、予測した上でこれを認容して、歩調をそろえる意思であることを意味し、「意思の連絡」を認めるに当たっては、事業者相互間で明示的に合意することまでは必要ではなく、他の事業者の取引拒絶行為を認識ないし予測して黙示的に暗黙のうちにこれを認容して、歩調をそろえる意思があれば「意思の連絡」があったと認められると判決はいっています。

お気付きのとおり、これは、第3回の4（3）でやった不当な取引制限での考え方と同じですね。

共同の取引拒絶と不当な取引制限の関係については、この後、5の私的独占のところで一緒に説明します。

「取引を拒絶すること」については、実際に取引の申込みがあって、それを拒絶したということだけでなく、取引の申込みをしても拒否されるこ

とが明らかなので、取引の申込みをしていない場合や、取引の申込みをしたが、正当な理由なく 6 か月以上回答を留保され、取引が実現していない場合も取引拒絶に当たります（**新潟タクシー共通乗車券事件**（排除措置命令平成 19 年 6 月 25 日））。

「公正競争阻害性」については、主として、自由な競争状態を侵害するかどうか（自由競争減殺）が問題になります。拒絶された事業者の取引機会が減少して、他に代わり得る取引先を簡単にみつけられなければ公正競争阻害性があり、みつけられたら公正競争阻害性は認められないということです（**関西国際空港新聞販売拒絶事件**（大阪高裁判決平成 17 年 7 月 5 日））。ただ、拒絶された事業者は取引先を奪われるので市場から閉め出されるおそれが強いですし、取引拒絶をする事業者も本来自由に選べるはずの取引先をお互いに制限しあっている（取引先選択の自由を相互に制限）わけですから、**共同の取引拒絶は、原則として公正な競争を阻害する行為です（不公正な取引方法として違法）**。

(2) その他の取引拒絶（単独の取引拒絶がメイン）

共同の取引拒絶は、自己と競争関係にある他の事業者（競争者）と共同して行う行為ですので、その他の取引拒絶には、競争者以外の事業者と共同して行う行為も含まれますが、**単独の取引拒絶が代表的です**。

事業者がどの事業者と取引するかは、基本的には事業者の取引先選択の自由の問題であって、事業者が、価格、品質、サービス等の要因を考慮して、独自の判断によって、ある事業者と取引しないこととしても、基本的には独禁法上問題となるものではありません。他の事業者から取引したいといわれても、得にならないと思ったら当たり前に拒否できるわけで、取引をしてくれなくてもそれで独禁法違反といえるわけでは当然ありません。そして、**事業者が単独で行う取引拒絶が独禁法上問題となるのは、例外的に、次のような場合です**。①独禁法上違法な行為の実効を確保するための手段として取引を拒絶する場合（違法行為実効確保手段型）で、たとえば、カルテル破りをしている事業者に対する制裁措置として供給停止することがこれに当たります。②市場における有力な事業者が、競争者を市場から排除するなどの独禁法上不当な目的を達成するための手段として取引を拒

絶し、取引を拒絶された事業者の通常の事業活動が困難となるおそれがある場合（競争減殺型）で、たとえば、市場における有力な原材料メーカーが、自己の供給する原材料の一部の品種を完成品メーカーが自ら製造することを阻止するため、その完成品メーカーに対して従来供給していた主要な原材料の供給を停止することです。②については、他の事業者の独禁法違反行為に協力して取引拒絶を行う場合も問題となります。これは、**雪印乳業・農林中金事件**（審判審決昭和31年7月28日）で問題となりました。当時、北海道における集乳量シェア約80％の雪印乳業・北海道バターと密接な関係にあって、畜産農家にとって不可欠の乳牛導入資金を供給し得る唯一の金融機関である農林中金が、畜産農家の原料乳の取引先がこれら2社でないということ以外に特別の理由もなく乳牛導入資金の供給を拒絶したというものです。

[図表7-2]　単独の取引拒絶が例外的に独禁法違反となる場合

問題となる場合	例
<u>違法行為実効確保手段型</u> 　独禁法上違法な行為の実効を確保するための手段として取引を拒絶する場合	カルテル破りをしている事業者に対する制裁措置として供給停止すること
<u>競争減殺型</u> 　市場における有力な事業者が、競争者を市場から排除するなどの独禁法上不当な目的を達成するための手段として取引を拒絶し、取引を拒絶された事業者の通常の事業活動が困難となるおそれがある場合	・　有力な原材料メーカーが、自社の供給する原材料の一部の品種を製造されないようにするため、完成品メーカーに対して供給していた主要な原材料の供給を停止すること ・　他の事業者の独禁法違反行為に協力して取引拒絶を行う場合 （雪印乳業・農林中金事件（審判審決昭和31年7月28日））

　単独かつ直接の取引拒絶は、事業者の取引先選択の自由と緊張関係にあります。このため、公正競争阻害性を有するかどうかの判断は特に慎重に行う必要があります。一方、取引先事業者に競争者との取引を間接的に拒

絶させる行為などの間接の取引拒絶は、「事業者がどの事業者と取引する
かは、基本的には事業者の取引先選択の自由の問題」といったこととは無
関係ですので、単独かつ直接の取引拒絶でのような配慮は不要です。

 2 取引妨害

　自社と国内で競争関係にある他の事業者とその取引の相手方との取引に
ついて、契約の成立の阻止、契約の不履行の誘引その他のどんな方法かを
問わず、その取引を不当に妨害することが取引妨害（競争者に対する取引
妨害）です。

　この取引妨害は、競争関係にある事業者同士の私的紛争といった性格を
持つ行為のうち、**放置すると競争秩序に影響を与えるようなものを特に規
制するという趣旨に基づくもの**ですが、流通・取引慣行ガイドラインでい
うと「並行輸入の不当阻害」と関係が深い違反行為類型です。並行輸入と
は、ある輸入品について総代理店契約が結ばれている場合に、その輸入総
代理店を通じたルートとは別のルートで第三者がその商品（商標権を侵害
しない、いわゆる真正商品）を輸入することです。

　対象となり得る妨害行為は多種多様ですが、主なものとしては、まず、
「物理的な迫害を加える妨害行為」が挙げられます。**神鉄タクシー事件**
（大阪高裁判決平成 26 年 10 月 31 日）がその例で、これは損害賠償と差止め
を求めた民事訴訟ですが、タクシー待機場所を公道上に整備した事業者の
従業員が、そこに乗り入れた競争者のタクシーの前に立ちはだかったり、
自社のタクシーを割り込ませるなどして、待機場所での利用者との契約締
結を妨害した（お客さんが他社（競争者）のタクシーに乗れないようにした）
というものです。

[図表 7 - 3]　神鉄タクシー事件（大阪高裁判決平成 26 年 10 月 31 日）

　また、特に 1990 年代から 2000 年代にかけて、日本で内外価格差（日本国内での販売価格と国外での販売価格に格差があること）ということが大きな問題となっていた頃に、並行輸入の妨害事件が数多くありました。

　たとえば、総代理店が並行輸入品の製造番号等によって、その入手経路を探知して、これを供給業者やその海外における取引先に通知するなどの方法によって、取引先に対して、並行輸入業者への販売を中止させるようにすること（海外の流通ルートからの真正商品の入手の妨害）は、並行輸入品の供給路を断つことによる間接的な取引妨害に当たります。並行輸入業者は、並行輸入品の製造番号などを消して販売することがありますが、それは、こうした妨害を防ぐためでもあります。

　また、商標権者は、偽物の販売に対しては商標権侵害を理由として、その販売の差止めを求めることができますが、並行輸入品を取り扱う事業者に対して、十分な根拠なしにその商品を偽物扱いして、商標権の侵害であると主張してその販売の中止を求めること（並行輸入品を偽物扱いすることによる取引妨害）は、それが契約対象商品の価格を維持するために行われ

る場合には、不公正な取引方法に該当し違法となります。

3 不当廉売

　独禁法は、公正かつ自由な競争を促進することを目的としていて、これによって買い手は、必要とする商品・役務をいい品質・お手頃な価格で手に入れることができるようになるのですが、一方で、**独禁法は、なぜ不当な安売り（廉売）を禁止しているのでしょうか**。

　もちろん、独禁法で価格統制をしているわけではありません。自由競争経済は、需給の調整を市場機構に委ねて、事業者が市場の需給関係に適応しつつ価格決定を行う自由を有することを前提とするもので、価格を手段とする競争は、本来、競争政策が維持・促進しようとする能率競争の中核をなすものです。しかし、**不当な対価で取引することは、企業努力または正常な競争過程を反映せず、競争事業者の事業活動を困難にさせるなど、公正な競争秩序に悪影響を及ぼすおそれが多いから独禁法は不当な安売りを禁止しているのです**（**都営芝浦と畜場事件**（最高裁判決平成元年12月14日））。

　つまり、企業の効率性によって達成したのではなくて、正当な理由がないのにコストを下回る価格を設定して、採算を度外視して顧客を獲得しようとすることで、こうしたことをすると、そのような安売りを行っている事業者（廉売行為者）と同等またはそれ以上に効率的な事業者の事業活動を困難にさせるおそれがあります。売れば売るほど損をするということであれば、他の事業者はその市場から撤退したり参入を断念するほうが良いことになって、公正な競争秩序に悪影響を及ぼすことになってしまいます。

　もちろん、自由経済社会にとっては、市場の状況に応じて事業者が自由に価格設定をすることができることが必要ですから、**市場外からの安易な価格介入はすべきではないことは当然で、不当廉売規定の運用に当たって、公正取引委員会もそのことを常に留意しています**。

　商品・役務をいくらで販売するかは、その商品・役務の品質決定とともに

に、本来的には、市場における需要動向、自らの生産性、同業者の価格設定等を踏まえたその事業者の自由な販売戦略に委ねられているものです。このような個々の事業者の活動を通じて市場における競争の活発化がもたらされ、消費者利益の増大が図られます（**ニチガス事件**（東京高裁判決平成17年5月31日））。

ということで、**第5回の2**でいいました法定5類型の1つとして不当廉売が規定されているのですが、それは、正当な理由がないのに、商品または役務をその供給に要する費用を著しく下回る対価で継続して供給することであって、他の事業者の事業活動を困難にさせるおそれがあるものです（課徴金の対象）。つまり、①コスト割れの対価で、②継続して供給し、③他の事業者の事業活動を困難にさせるおそれがあって、④公正競争阻害性（正当な理由がないのに）が認められる場合に、不公正な取引方法として違法となります。このほか、一般指定にも不当廉売の規定がありますが、こちらは（不公正な取引方法として違法ですが）課徴金の対象ではありません。

[図表7-4]　課徴金の対象になる不当廉売

① コスト割れの対価であること
② 継続して供給していること
③ 他の事業者の事業活動を困難にさせるおそれがあること
④ 公正競争阻害性（正当な理由がないのに）が認められる場合であること

（1）　コスト割れ対価かどうかが分水嶺の原則

こうした不当廉売の規制趣旨を考えますと、独禁法で不当廉売として問題とされるべきなのは、当然ながら、単にほかの事業者よりもかなり安く売っている場合（企業努力によって低コストを実現して安く売っているのであれば、それこそが競争です）ではなくて、**廉売をしている事業者にとっても明らかに経済合理性のない対価設定である場合**です。

では、具体的にそれはどういう場合かというと、廉売行為者自身がその費用すら下回る対価で供給すると、廉売行為者自身にとって直ちに損失を

もたらすことになりますが、それだけではなくて、廉売行為者と同じように効率的な生産・販売をしている事業者にとっても、供給を継続せずに撤退したり、参入を断念することを余儀なくされることになります。つまり、コスト割れ対価として問題となるのは、**廉売行為者自らと同等に効率的な事業者が事業を続けていくかどうかなどについての判断に影響を与えるような対価である場合**ということで、それはすなわち、廉売行為者自身にとって直ちに損失をもたらす価格かどうかがポイントになります。

　一方、事業者が自らの企業努力や正常な競争過程を反映した価格設定を行うことは妨げられていません。したがって、たとえば、総販売原価（その供給に要する費用）を下回った価格であっても、供給を継続したほうがその商品の供給に係る損失が小さくなるときは、その対価で供給することは合理的です。たとえば、固定費の割合が高い場合には、一時的に総販売原価を下回る価格であっても、変動費を賄えるのであれば、事業を止めるよりもそのような価格で供給を継続するほうが合理的です。

　というように、通常、経済合理性はないといえるのは、商品の供給が増大するにつれて損失が拡大するような価格設定行動です。つまり、**廉売対象商品を供給しなければ発生しない費用（可変的な性質を持つ費用）を下回る対価が「供給を要する費用を著しく下回る対価」である**ということになります。

　また、原価を形成する要因が、いわゆる企業努力によるものでなくて、外部から援助を受けているといった、その事業者の場合にのみ妥当する特殊な事情によるものであるときは、これを考慮の外に置いて、そのような事情のない一般の独立の事業者が自らの責任においてその規模の企業を維持するため経済上通常計上すべき費目を基準としなければなりません（**中部読売新聞社事件**（東京高裁決定昭和50年4月30日））。

(2) 安値入札（1円入札）

　林野庁衛星携帯電話安値入札事件（公取委報道発表平成25年4月24日）では、衛星携帯電話の端末と通信サービスに関する契約について、まず、衛星携帯電話の端末についての入札が行われて、衛星携帯電話の端末を1円で応札した事業者がいました。この1円で応札する行為これ自体は当然

に仕入れ原価割れです。しかし、落札事業者との間で通信サービスに関する契約が締結されることを前提に得られる事後の収入を考慮した結果であったということから、全体として考えると、供給に要する費用を著しく下回る対価などとはいえないと判断されました。衛星携帯電話の端末と通信サービスに関する契約を一緒にして入札をすれば、このような結果は生じないわけで、入札のやり方の問題というのがこの件の本質でしょう。

（3） 他の事業者の活動を困難にさせたか

　事業活動困難性（他の事業者の事業活動を困難にさせるおそれ）については、必ずしも実際に他の事業者が倒産したり売り上げが大幅に減少したという結果の発生を必要するわけではなくて、そのような結果がもたらされる蓋然性があれば足ります。

　「他の事業者」は、問題となる安売りを行っている事業者の直接の競争者だけでなくて、たとえば、**マルエツ・ハローマート事件**（勧告審決昭和57年5月28日）では、2つのスーパーマーケットが行った牛乳の安売り合戦によって、近隣商圏内の牛乳専売店の事業活動が困難になるおそれが問題となりました。この場合の「他の事業者」は、「近隣商圏内の牛乳専売店」です。

　供給に要する費用を著しく下回る対価であっても、生鮮食料品や季節商品の見切り販売などでは正当な理由が認められますが、（マルエツ・ハローマート事件でのような）**いわゆる安売り合戦（対抗廉売）**は、「**正当な理由**」にはなりません。

4　差別対価

　不当に、地域または相手方によって差別的な対価で商品・役務を継続して供給することであって、他の事業者の事業活動を困難にさせるおそれがあるものが法定5類型の差別対価です（課徴金の対象）。①差別的な対価で、②継続して取引することが、③他の事業者の事業活動を困難にさせるおそ

れ（事業活動困難性）を有していて、④公正競争阻害性（「不当に」）が認められると、不公正な取引方法として違法となります。不当廉売と同様に、一般指定にも差別対価の規定があります（一般指定の方は課徴金の対象ではありません）。

[図表 7-5] 課徴金の対象になる差別対価

① 不当に差別的な対価であること
② 継続して取引することで
③ 他の事業者の事業活動を困難にさせるおそれがある
④ 公正競争阻害性（「不当に」）が認められる場合であること

　ところで、同じ商品がお店によって価格が違うということは、珍しいことではありません。経済活動において、取引数量の多寡、決済条件、配送条件等の相違を反映して取引価格に差が設けられることは、広く一般にみられることですし、また、地域による需給関係の相違を反映して取引価格に差異が設けられることも通常です。このような観点からすれば、**取引価格や取引条件に差異が設けられても、それが取引数量の違いなどの正当なコスト差に基づくものである場合や、商品の需給関係を反映したものである場合などには、本質的に公正な競争を阻害するおそれがあるとはいえません**（不当廉売ガイドライン（「不当廉売に関する独占禁止法上の考え方」））。

　一般に、市場において商品・役務に価格差が存在することは、それぞれの商業地域の事業者間において、能率競争が行われて、市場における需給調整が機能していることの現れとみることができるのであって、特に、行為者の設定価格がコスト割れでない場合には、それが不当な力の行使であると認められるなど特段の事情が認められない限り、公正競争阻害性があるものと非難することはできません（**トーカイ事件**（東京高裁判決平成17年4月27日））。

（1）　不当廉売型差別対価

　差別対価には、不当廉売型と取引拒絶型があります。

不当廉売型は、有力な事業者が、競争者を排除するため、その競争者と競合する販売地域または顧客に限って廉売を行い、公正な競争秩序に悪影響を与える場合です。不当な差別対価とは、①価格を通じた能率競争を阻害するものとして、公正競争阻害性が認められる価格をいい、②その売り手が自らと同等あるいはそれ以上に効率的な業者（競争事業者）が市場で立ち行かなくなるような価格政策をとっているかどうかを基準に判断することが適当であって、③その際不当な差別対価に当たるかどうかの判断では原価割れの有無がその要素になります（**ニチガス事件**（東京高裁判決平成17年5月31日））。

(2) 取引拒絶型差別対価

一方、**差別対価は、差別的取扱いの典型例ともいえます。**これが取引拒絶型の差別対価です。たとえば、再販売価格維持契約や専売店契約を遵守しない取引相手に対して高い価格（不利な取引条件）で販売する一方、これらを遵守する取引相手に対しては低い価格（有利な取引条件）で販売すると、高い価格で購入した事業者は市場で十分な競争圧力を発揮できなくなって商品の価格が維持されることになります。

たとえば、**東洋リノリューム事件**（勧告審決昭和55年2月7日）は、東洋リノリュームら4社がビニルタイルの販売価格のカルテルを実施して、このカルテルの実効性を確保するために、ビニルタイル工事業協同組合の非組合員には組合員より1枚当たり5円程度高く供給し、組合員には割り戻しも行ったというものです。

また、**「マージンスクイーズ」と呼ばれる行為もこの取引拒絶型の差別対価に当たります。**この後、川上市場、川下市場という言葉が出てきますが、これは、メーカーが商品を製造し、流通業者（卸売業者、小売業者）を経て、消費者に至るまでを川の流れになぞらえて、メーカーと流通業者でいうと、より上流に位置するメーカーの属する市場を川上市場、より下流に位置する流通業者の属する市場を川下市場といいます。そして、マージンスクイーズとは、自らの川下市場での商品の価格よりも川上市場での商品の価格を高い水準に設定したり、供給先事業者が経済的合理性のある事業活動によって対抗することができないほど近接した価格に

143

設定したりする行為です。たとえば、[図表7-6]をみてください。事業者Xは商品Aを製造して販売しているのに対し、事業者Yは商品Aを事業者Xから仕入れて販売している場合に、事業者Yを排除するために、事業者Xが商品Aの自らの小売価格よりも事業者Yへの商品Aの販売価格を高くすると、事業者Yの商品Aの販売価格は当然に事業者Xの販売価格よりも高くなってしまって、事業者Yは事業者Xに対抗できなくなります。

[図表7-6]　マージンスクイーズ

 # 5　私的独占

さて、独禁法で禁止されている主な行為の最後、私的独占に進みましょう。

私的独占は、単独に、または他の事業者と結合したり通謀したり、その他いかなる方法をもってするかを問わず、**他の事業者の事業活動を排除したり支配することによって、公共の利益に反して、一定の取引分野における競争を実質的に制限すること**です。

144

単独行為だけではなくて複数の事業者での行為もあり得ます。ただ、複数の事業者による行為といっても、不当な取引制限のように、複数の事業者で合意をして競争を回避しようというような、みんなで共同でお互いに拘束しあって一緒に行う行為ではなくて、たとえば、複数の事業者による強いグループが他の事業者に対して悪い行為をして、他の事業者を排除したり支配したりするというものですから、単独の事業者か、複数の事業者のグループかという違いはあっても、1つの強い事業者の塊と捉えれば、実質的には、私的独占は「単独行為」や「単独事業者による反競争的行為」に相当すると理解しても問題ないでしょう。

(1) 私的独占の位置付け

ア 私的独占となる要件

「公共の利益に反して」と「一定の取引分野における競争を実質的に制限すること」（効果要件）については、不当な取引制限と共通です。ただ、不当な取引制限で事件として取り上げられているものの大半を占めているのは、**価格カルテル、入札談合などのハードコア・カルテル**（第2回で出てきましたが、そういう合意をすること自体が原則として違法なカルテル）ですが、**これらは原則違法**ですので、一定の行為が行われた場合に、この「一定の取引分野における競争を実質的に制限すること」になるかどうかが問題になることはあまりありませんが、私的独占の場合は、この点が異なります。

また、**第2回**で「不当な取引制限、私的独占と不公正な取引方法」の関係をお話しした際に、まず、すべての競争制限行為は、不当な取引制限と私的独占に分けられるといいましたが、実際の事件数をみると、私的独占の事件は不当な取引制限や不公正な取引方法の事件に比べて圧倒的に少ないのが実態です。

では、なぜ、私的独占ではハードコア・カルテルと違って「一定の取引分野における競争を実質的に制限すること」という「効果要件」が問題になるのでしょうか。また、私的独占の事件数が少ないのはなぜでしょうか。

これらの点を理解するため、**「不当な取引制限、私的独占と不公正な取**

引方法の関係」について、第2回よりも詳しく説明します。

イ　不当な取引制限、私的独占と不公正な取引方法の関係

ここで、［図表7-7］をご覧ください。

［図表7-7］　不当な取引制限と私的独占と不公正な取引方法（その1）

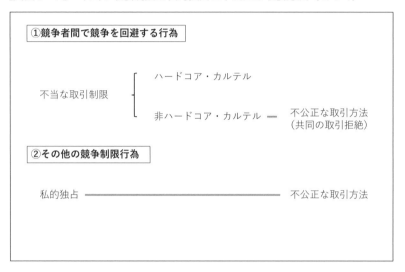

　既に第2回でお話ししましたように、すべての競争制限行為は①「競争者間で競争を回避する行為」と②「その他の競争制限行為」に分けられます（［図表7-8］も参照）。そして、①は不当な取引制限に当たり、②は私的独占に当たります。

　まず、②から行きますと、私的独占に当たる行為はどんな方法によるかは問いませんので、さまざまな行為が含まれます。そして、それらの行為の多くは、競争制限効果と競争促進効果の両面から個々に検討しないと独禁法で禁止すべき競争制限行為かどうか分かりませんので、その行為自体から直ちにではなく**一定の取引分野における競争を実質的に制限するといえる場合に禁止されています**。ただ、こうした行為の中にも、競争制限効果を生じさせる可能性の高い行為がありますので、そのような行為につい

[図表 7 - 8] 不当な取引制限と私的独占と不公正な取引方法（その 2）

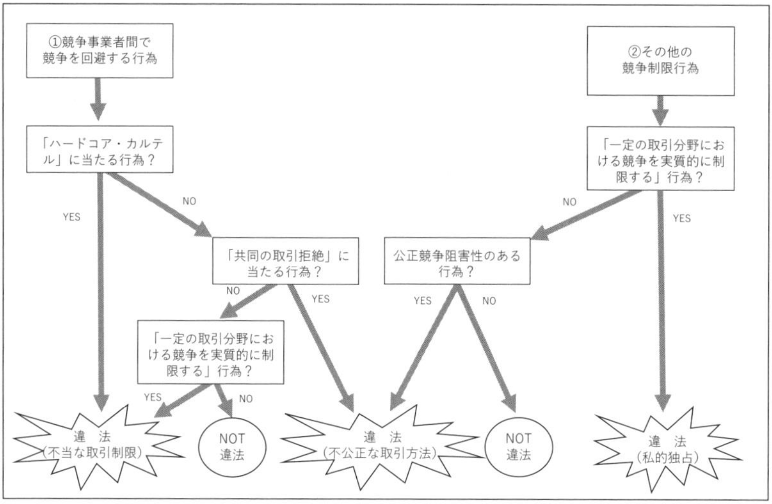

ては、これらを特定して実際の競争制限効果が比較的低い段階から禁止します。これに当たるのが不公正な取引方法です。

　次に①は、**ハードコア・カルテルと非ハードコア・カルテルに分けられます**。価格カルテルや入札談合などのハードコア・カルテルは、通常、競争制限効果が生じますので、この行為を事業者が行った場合には直ちに「一定の取引分野における競争を実質的に制限する」（違法）と判断されます。一方、共同研究開発などの非ハードコア・カルテルは、②と同じく競争制限効果と競争促進効果の両面から個々の検討が必要ですが、こうした行為の中にも**競争制限効果を生じさせる可能性の高い行為があります。それが共同の取引拒絶**です。この共同の取引拒絶は、不公正な取引方法として規定されていて、実際の競争制限効果が比較的低い段階から禁止されています。

　競争を実質的に制限することは、不当な取引制限のところで説明したとおり、市場が有する競争機能を損なうこと（**多摩談合事件**（最高裁判決平成 24 年 2 月 20 日））、別のいい方をすると、競争自体が減少して、特定の事業者または複数の事業者が、その意思で、ある程度自由に、価格、

品質、数量などの条件を左右することで、市場を支配することができるようになっていたり、少なくともそのようになり得る程度に至っている状態（**東宝・スバル事件**（東京高裁判決昭和 26 年 9 月 19 日））で、こういうことが一定の取引分野で生じているのが一定の取引分野における競争を実質的に制限することです。この考え方を「**統合型市場支配**」と呼ぶことがあります。この考え方ですと、たとえば、ある事業者が市場（一定の取引分野）へ新規参入しようとして、それが妨害されても、それだけでは競争の実質的制限とはいえません。つまり、その事業者の新規参入が妨害されても、一定の取引分野の中でさっきいったような状態がまだ生じていないのであれば、競争が実質的に制限されているとはいえないということになります。

　これに対して、市場の自由性や開放性が妨げられること、たとえば、自由に市場に参入することが困難になったことそれ自体で一定の取引分野における競争を実質的に制限することといえるという考え方があります。これを「**閉鎖型市場支配**」と呼ぶことがあります。この閉鎖型市場支配の考え方によれば、「共同の取引拒絶」が行われると、通常、市場の自由性や開放性は妨げられますので、直ちに一定の取引分野における競争を実質的に制限したと判断されることになり得ます。そうすると、「共同の取引拒絶」を不公正な取引方法として規定する必要はなくなって、［図表 7-7］の「非ハードコア・カルテル」の右側の「不公正な取引方法（共同の取引拒絶）」の部分はなくなるということも考えられます。しかし、現在の判例・学説の一般的な考え方は、いわゆる統合型市場支配の考え方ですので、「共同の取引拒絶」は不公正な取引方法の 1 つとして規定されているということになります。

　このように、実際の事件としては、価格カルテルや入札談合などのハードコア・カルテルに代表される不当な取引制限を事業者が行った場合には、直ちに一定の取引分野における競争を実質的に制限するのに対し、私的独占は、その行為自体からではなく、一定の取引分野における競争を実質的に制限することとなる場合にのみ禁止されますので、（不当な取引制限とは異なって）**一定の取引分野における競争を実質的に制限することという「効果要件」**が実際に問題になるということです。

[図表7-9] 「統合型市場支配」と「閉鎖型市場支配」

「一定の取引分野における競争を実質的に制限すること」	「統合型市場支配」	競争自体が減少し、特定の事業者または複数の事業者が、その意思で、ある程度自由に価格、品質、数量などの条件を左右することで、市場を支配することができるようになっている、少なくともそのようになり得る程度に至っている状態が、一定の取引分野で生じているのが一定の取引分野における競争を実質的に制限することとする考え方
	「閉鎖型市場支配」	市場の自由性や開放性が妨げられることそれ自体で一定の取引分野における競争を実質的に制限することといえるとする考え方

　また、私的独占に当たる行為には、さまざまな行為が含まれますが、そうした行為の中で競争制限効果を生じさせる可能性の高い行為は不公正な取引方法として実際の競争制限効果が比較的低い段階から禁止していますので、**実際の事件では、私的独占としてではなく不公正な取引方法として措置することで迅速に審査が進みます。**加えて、私的独占が課徴金の対象になったのは、支配型私的独占については独禁法の平成17年（2005年）改正から、排除型私的独占については平成21年（2009年）改正からで、それまでは、私的独占であっても不公正な取引方法であっても、排除措置を命じるということでは同じでした。これらの点から、結果的にこれまで私的独占の事件が相対的に少なかったと考えられます。

（2）　排除型私的独占

　私的独占は、競争相手を市場から排除したり新規参入者を妨害することで競争を実質的に制限するという排除型私的独占と、他の事業者の事業活動に制約を加えて市場を支配するという支配型私的独占に分けられますが、

排除型私的独占に関しては、**排除型私的独占ガイドライン**（「排除型私的独占に係る独占禁止法上の指針」）が公表されています。

ア　公正取引委員会の執行方針

公正取引委員会は、排除型私的独占として事件の審査を行うかどうかの判断に当たって、**行為開始後に行為者が供給する商品のシェアがおおむね2分の1を超える事案であって、市場規模、行為者による事業活動の範囲、商品の特性等を総合的に考慮すると国民生活に与える影響が大きいと考えられるものについて優先的に審査を行います**（排除型私的独占ガイドライン）。

独禁法の私的独占は、どんな方法でするかを問わず、他の事業者の事業活動を排除したり支配することで、公共の利益に反して、一定の取引分野における競争を実質的に制限することですから、**事業者の市場における地位は違反の要件ではありません**。しかし、私的独占は、力の強い事業者による競争制圧的な違反行為ですので、実際にも、これまでの排除型私的独占の事件のほとんどが排除行為の対象となった商品・役務でシェアが大きい事業者が審査の対象とされてきましたし、他の事業者の事業活動を排除して市場を閉鎖する効果を持つこととなるのは、行為者が供給する商品・役務のシェアがある程度大きい場合がほとんどです。このため、**違反の法律上の要件ではないものの、公正取引委員会の実際の執行での方針としてシェアがおおむね2分の1を超える事案について優先的に審査を行うと明らかにしています**。

[図表7-10]　排除型私的独占の成立要件

①　排除行為があること
②　一定の取引分野における競争を実質的に制限すること

イ　排除型私的独占の要件その1──「排除行為」

排除型私的独占が成立するための要件である「排除行為」とは、他の事業者の事業活動の継続を困難にさせたり、新規参入者の事業活動を困難に

させたりする行為であって、一定の取引分野における競争を実質的に制限することにつながるさまざまな行為ですが、他の事業者の事業活動が市場から完全に駆逐されたり、新規参入が完全に阻止されたりする結果が現実に発生していることまでは必要ではなくて、**他の事業者の事業活動の継続を困難にさせたり、新規参入者の事業活動を困難にさせたりする蓋然性の高い行為は排除行為に当たります。**

また、NTT 東日本事件（最高裁判決平成 22 年 12 月 17 日）では、排除行為に該当するかどうかは、行為の単独で一方的な取引拒絶かつ廉売としての側面が、自社の市場支配力の形成・維持・強化という観点からみて正常な競争手段の範囲を逸脱するような「人為性」を有するものであり、競争事業者の市場への参入を著しく困難にするなどの効果（排除効果）を持つものといえるかどうかによって決すべきとの考え方が示されました。

こうした排除行為となり得る行為は多種多様ですが、排除型私的独占ガイドラインでは、これまでの事件で問題となった行為を中心に、典型的な排除行為として、①商品（役務（サービス）を含みます。以下、この回で同じです）を供給しなければ発生しない費用を下回る対価設定、②排他的取引、③抱き合わせ、④供給拒絶・差別的取扱いの 4 つに類型化して、それぞれの行為類型ごとに排除行為に当たるかどうかを判断する上での要素が記載されています。

[図表 7 - 11]　典型的な排除行為の 4 類型（排除型私的独占ガイドライン）

①　商品を供給しなければ発生しない費用を下回る対価設定
②　排他的取引
③　抱き合わせ
④　供給拒絶・差別的取扱い

ウ　排除型私的独占の要件その 2——「一定の取引分野における競争を実質的に制限すること」にあたるのか

排除型私的独占が成立するためのもう 1 つの要件である「一定の取引分野における競争を実質的に制限すること」のうち、「一定の取引分野」と

は、排除行為によって競争の実質的制限がもたらされる範囲で、その成立する範囲は具体的な行為や取引の対象・地域・態様等に応じて相対的に決定されるべきものであって、具体的な行為や取引の対象・地域・態様等に応じて、その行為に関係する取引とそれによって影響を受ける範囲を検討して、その競争が実質的に制限される範囲を画定して決定されるのが原則です。つまり、**排除行為という一定の行為がありますので、これを手掛かりにして範囲を決めていくということになります。**

[図表7-12]　排除型私的独占の要件その2「一定の取引分野における競争を実質的に制限すること」の該当性判断

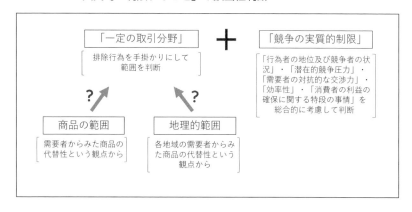

　一定の取引分野は、商品の範囲と地理的範囲で決められます。

　商品の範囲は、主として需要者からみた商品の代替性という観点から決められます。そして、必要に応じて、供給者が大きな追加的負担やリスクを負うことなく、短期間のうちに、ある商品から他の商品に製造・販売を代えられるかどうかが考慮されます。

　ここで、供給者が供給している商品の範囲が独禁法の一定の取引分野の「商品の範囲」ではないということに十分注意しましょう。供給者がある程度自由に価格を引き上げることができるようになるのは、需要者からみて、ある商品について選択肢が十分にないため、その事業者がある程度価格を引き上げても他の事業者の商品に代えることが十分にできないからで

すので、**競争上の問題での「商品の範囲」を考える場合には、「需要者か
らみた商品の代替性の観点」というのが基本になります。**一方で、ある事
業者がある商品の価格をある程度引き上げた場合に、他の供給者が迅速に
新規参入してその商品を製造・販売できるのであれば、需要者にとって新
規参入者も選択肢となって、価格の引上げに対する競争圧力となりますの
で、そうした意味での供給者の行動の可能性も考慮されます。**一定の取引
分野の「地理的範囲」についても、商品の範囲と同様に、主として各地域
の需要者からみた商品の代替性の観点から判断されます。**

　「競争の実質的制限」の基本的な考え方は、不当な取引制限と同じです。
私的独占の事件である **NTT 東日本事件**（東京高裁判決平成 21 年 5 月 29 日）
でも、競争自体が減少して、特定の事業者または事業者団体がその意思で、
ある程度自由に、価格、品質、数量、その他各般の条件を左右することに
よって、市場を支配することができる状態を形成・維持・強化することと
いうように、(1) で出てきた**多摩談合事件最高裁判決**や**東宝・スバル事
件東京高裁判決**と同様の考え方が示されています。

　そして、競争の実質的制限になるかどうかは、個別具体的な事件ごとに、
「行為者の地位及び競争者の状況」や「潜在的競争圧力」、「需要者の対抗
的な交渉力」、「効率性」、そして「消費者の利益の確保に関する特段の事
情」を総合的に考慮して判断されます。

(3)　支配型私的独占

　次に、支配型私的独占です。

　「支配行為」とは、他の事業者の事業活動についての自主的な決定をで
きなくし、自己の意思に従わせる行為ですが、**制圧を加えるという積極的
な要素がなければ支配に当たらないというわけではありません。**他の事業
者の事業活動を支配するとは、原則として、なんらかの意味において他の
事業者に制約を加えてその事業活動における自由な決定を奪うことをいい
ます（**野田醤油事件**（東京高裁判決昭和 32 年 12 月 25 日））。つまり、**一定の
人為性は必要ですが、自己の意思を実現できるように他の事業者の自主的
な決定に事実上の制約を加えるものであれば、「支配行為」に当たるとい
う**ことになります。

　具体的な支配の手段として想定される典型的な行為は、①株式保有や役員兼任などの企業結合や、②取引上の地位の不当利用などですが、こうした行為に限られるわけではなくて、たとえば、**福井県経済連事件**（排除措置命令平成 27 年 1 月 16 日）では、農協が競争入札によって発注する工事について、受注予定者を指定するとともに、指示した価格で入札させていた事業者の行為が「支配」と認定されました。

（4）　私的独占の事件例

　最後に、私的独占の事例を 2 つ紹介します。

ア　ノーディオン事件（勧告審決平成 10 年 9 月 3 日）（排除型私的独占）

　これは、公正取引委員会が独禁法の国際的適用に当たる事件を本格的に手掛けた最初のものともいえる事件ですが、**排除型私的独占の典型**ともいえるものです。

　本件の違反行為者は、カナダに所在するノーディオン社で、ノーディオン社は放射性同位元素であるモリブデン 99 を製造販売していますが、このモリブデン 99 はもっぱら放射性医薬品であるテクネチウム 99 エム製剤の原料として使用されています。そして、ノーディオン社が製造販売するモリブデン 99 は世界の生産数量の過半を占めていて、かつ販売数量の大部分を占めています。さらに、放射性医薬品であるテクネチウム 99 エム製剤は他の原料で製造することはできません。そして、日本におけるモリブデン 99 のユーザーは 2 社のみです。

　そうした状況で、ノーディオン社は、これら 2 社と 10 年間にわたりモリブデン 99 の全量を同社から購入する契約を締結しました。この結果、競争事業者であるベルギーに所在する IRE 社などは日本の 2 社と取引できない状況となり、競争事業者は日本市場から排除されることになりますので、排除型私的独占として違反となったものです。

イ　福井県経済連事件（排除措置命令平成27年1月16日）（支配型私的独占）

直前に出てきましたが、福井県経済連は共乾施設工事（57件）の施主代行者となっていました。共乾施設工事とは、穀物の乾燥・調整・貯蔵施設のうち、福井県所在の農協（11農協）が施主となって、福井県が実施する「おいしい福井米生産体制整備事業」という補助事業として発注した施設の製造請負工事などです。また、この工事の施主は福井県内の各農協なのですが、施主代行者とは、施主である農協に代わって施主代行業務を行う者で、福井県経済連はすべての工事の施主代行者になっていました。こうした状況で、福井県経済連は、この工事の施主代行者として、受注予定者となる施工業者を指定し、受注予定者が受注できるよう入札参加者に入札すべき価格を指示し、それらの価格で入札させていました。こうした行為が入札参加者の事業活動の「支配」と認定され、私的独占として違反となったものです。

[図表7-13]　私的独占として違反となった事件

事件名	私的独占の型
ノーディオン事件 （勧告審決平成10年9月3日）	排除型私的独占
福井県経済連事件 （排除措置命令平成27年1月16日）	支配型私的独占

第**8**回

> 合併とか買収といった企業
> 結合審査の考え方と手続

●CONTENTS●

　第8回を始めましょう。

　第2回で、独禁法で禁止されている主な行為は、不当な取引制限と私的独占、不公正な取引方法で、これらに加えて企業結合を規制していること、そして、第3回の2「カルテル」のところでいいましたように、これらは独禁法の4本柱で、今回を終えると4本柱を学び終えることになります。

　同じく第2回でもいいましたが、**会社の株式取得、合併、分割、共同株式移転、事業の譲受けなどを総称して企業結合**と呼んでいます。企業結合規制は、このような企業結合によって一定の取引分野における競争が実質的に制限されることになる場合に、その企業結合を禁止するというものです。

[図表 8 - 1] 「企業結合」

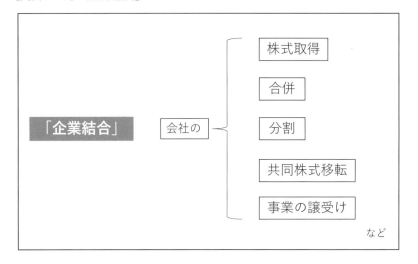

　企業結合は、これまで学んできた不当な取引制限や私的独占、不公正な取引方法と並ぶ４本柱の１つですが、不当な取引制限などと企業結合には違いがあるということは、**第２回の８（２）「なぜ、企業結合規制は事前規制なのか」**でいいましたが、このほかにも、まず、たとえば、**カルテルなどの不当な取引制限は、そもそもやってはいけない行為ですが、企業結合それ自体は何ら問題のないことです。**そこで、カルテル（不当な取引制限）の疑いで行う審査（カルテル審査）では、カルテルの疑いで審査を開始するに足りる情報を得た上で立入検査などの権限を用いて証拠を収集して、違反行為を立証し、排除措置命令を出します。つまり、カルテル審査では、最初から違反を立証して禁止することを目指しています。一方、企業結合審査では、売上高などの条件を満たす企業結合は事前の届出が必要で、独禁法上問題ないかどうかを公正取引委員会が事前に判断します。仮に問題があると判断しても、当事会社は、問題解消措置を取れば排除措置命令を避けることができます。**企業結合審査はカルテル審査と違って、問題の有無を確認して問題があっても可能な限り問題解消措置を促すもので、禁止を目的にしているものではないということです。**

　また、**第３回**で、企業結合規制では不当な取引制限とは違うやり方で

一定の取引分野を画定しますといいました。カルテルは基本的に競争の制限を目的や内容としていますので、通常、その対象の取引やそれによって影響を受ける範囲を検討すれば画定することができます。一方、企業結合は、通常それ自体で競争を制限するものではありませんし、特定の商品やサービスを対象にした具体的な行為もありません。そこで、商品・サービスの代替性などの客観的な要素に基づいて画定することになります（詳しくは、この後説明します）。これは、雨が昨日どこに降ったのか（既に実施したカルテル）は、実際にどこで降ったかかを調べればいいのに対して、明日どこに雨が降るか（これから行う企業結合）は、雨雲の位置、風向や風量、温度、気圧などの客観的な要素を基に予測しなければならないということを思い浮かべると、その違いが分かりやすいと思っているのですが、どうでしょうか。

[図表8-2]　企業結合とカルテルと天気予報

 1　企業結合審査の考え方

最初に、企業結合審査の考え方（審査基準）です。

公正取引委員会が企業結合審査をどのような考え方で行っているのかは、**企業結合ガイドライン**（「企業結合審査に関する独占禁止法の運用指針」）で明らかにされています。

[図表8-3] をご覧ください。

[図表 8-3] 企業結合審査の基本的な流れ

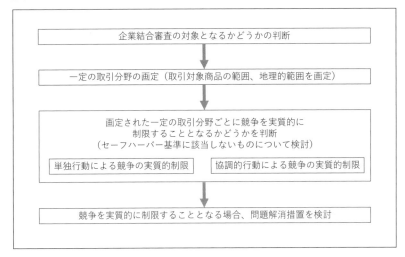

出典：菅久修一編著『独占禁止法〔第3版〕』

　企業結合審査の基本的な流れですが（ここで初めて出てくる言葉などは後で説明します）、まず、**企業結合審査の対象となるかどうかを判断します**（(1)）。そして、**対象となる事案については、一定の取引分野の画定をします**（(2)）。すなわち、取引対象商品・サービスの範囲や地理的範囲を画定して、画定された一定の取引分野のうち**セーフハーバー基準に該当するものについては、通常、直ちに問題ないと判断されます**。セーフハーバー基準に該当しない一定の取引分野については、単独行動による競争の実質的制限と協調的行動による競争の実質的制限の観点から競争を実質的に制限することとなるかどうかが判断されます。競争を実質的に制限することとなる一定の取引分野については、問題解消措置が検討されることになります。**競争を実質的に制限することとなる一定の取引分野について、十分な問題解消措置をとることができない場合には、その企業結合を止めることになるか、または、当事会社がその企業結合を止めない場合には、公正取引委員会は排除措置命令を出すことになります。**

159

（1） 企業結合審査の対象となるかどうか

　企業結合は、冒頭でいいましたように、合併とか株式取得などの総称ですが、複数の企業が株式保有、合併等によって一定程度または完全に一体化して事業活動を行う関係（結合関係）が形成・維持・強化される場合、**すなわち、企業結合によって企業間に共同して事業活動を行う関係が形成される場合や、従前からあるそのような関係が維持・強化される場合に、企業結合審査の対象になります。**

　たとえば、**合併**は複数の企業が１つの企業になることですから、常に、複数の企業が完全に一体化して事業活動を行う関係になります（すなわち、結合関係が形成・維持・強化されます）。

　一方、**株式取得**の場合は、Ａ社がＢ社の株式を取得して、Ａ社がＢ社の50％を超える議決権を有するようになってＡ社とＢ社が親子会社の関係になる場合には、完全に一体化して事業活動を行う関係（結合関係）が形成・維持・強化されますし、Ａ社がＢ社の株式を取得して、Ａ社がＢ社の、たとえば40％の議決権を有するようになる場合には、通常、一定程度一体化して事業活動を行う関係（結合関係）が形成・維持・強化されるでしょうが、Ａ社がＢ社の１％の株式を取得しても、一定程度または完全に一体化して事業活動を行う関係（結合関係）が形成・維持・強化されることにはならないでしょう。

　このように**結合関係があるかないかを判断する上で、株式取得の場合は合併と違って注意を要します。**

　この株式取得では、Ａ社がＢ社の株式を取得する場合、Ｂ社が発行した株式をＡ社が取得するので、Ａ社を株式取得会社、Ｂ社を株式発行会社といいます。

　ある会社が他の会社の株式取得を行うことで株式取得会社と株式発行会社との結合関係が形成・維持・強化されて**企業結合審査の対象となるのは、①株式取得会社の属する企業結合集団の議決権の保有割合が50％を超える場合と、②株式取得会社の属する企業結合集団の議決権の保有割合が20％を超えて、かつ、その割合の順位が第１位となる場合です。**

[図表 8 - 4]　株式取得会社・株式発行会社の結合関係が企業結合審査の対象と
なる場合

	株式取得会社の属する企業結合集団の議決権の保有割合	議決権の割合の順位
①	50%超	／
②	20%超	第 1 位

　ここで出てきた「企業結合集団」は、株式を取得した会社とその子会社、そして、株式を取得したその会社の親会社とその親会社の子会社から成る集団、そうした企業グループのことです。

　[図表 8-5] をご覧ください。

[図表 8 - 5]　株式取得会社 X が株式発行会社 Y の株式 (議決権) を取得する例

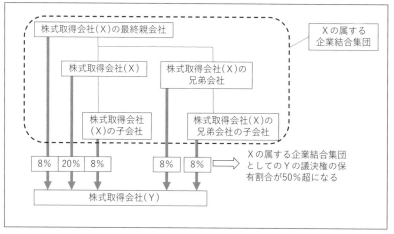

出典：菅久修一編著『独占禁止法〔第 4 版〕』

　X が株式取得会社で、その子会社、そして、X の上にある親会社 (最終親会社) とその子会社 (X の兄弟会社)、さらにその子会社 (X の兄弟会社の子会社)、これらの会社から成る集団が「X の属する企業結合集団」です。

　この [図表 8-5] の例ですと、株式取得会社 X が取得した株式発行会社 Y の議決権は 20％ですが、X の属する企業結合集団の他の会社が既に

Yの32％（8％×4社）の議決権を保有していますので、これで50％を超えることになって、①の「株式取得会社の属する企業結合集団の議決権の保有割合が50％を超える場合」に当たって、株式取得会社と株式発行会社との結合関係が形成・維持・強化され企業結合審査の対象となります。

この①と②以外の場合には、通常、企業結合審査の対象とはならない場合が多いのですが、個々の事案ごとに、議決権保有比率の程度・順位や株主間の議決権保有比率の格差、株主の分散の状況その他株主相互間の関係、当事会社相互間の関係などの事項を考慮して、結合関係が形成・維持・強化されるかどうかが判断されます。

一方、**株式取得会社単独での議決権の保有割合が10％以下であるか、またはその順位が第4位以下のときは、結合関係が形成・維持・強化されず、企業結合審査の対象となりません。**そこで、先ほど挙げたような事項を考慮した上で**企業結合審査の対象となる可能性があるのは、株式取得会社単独での議決権の保有割合が10％超であって、かつその順位が第3位以上である場合**ということになります。

企業結合の当事会社同士の間に結合関係が形成・維持・強化されて、企業結合審査の対象となる場合、たとえば、A社とB社が合併する場合には、**それぞれの当事会社と既に結合関係のあるすべての会社（当事会社グループ）との結合関係についても企業結合審査の対象となります。**

たとえば、A社はX事業を行っていて、B社はY事業を主力としていてX事業は行っていなくても、B社の属するグループにC社があって、このC社がX事業を行っている場合には、A社とB社の合併によるX事業の競争への影響を検討して判断することになります。すなわち、企業結合の競争への影響を判断する場合には、結合をする企業単体ではなくて、グループでみていくことが必要ということです。

(2) 「一定の取引分野」の画定

ある企業結合が企業結合審査の対象になる場合には、次に、「一定の取引分野」を画定します。「一定の取引分野」というのは、一定の供給者群と需要者群との間で競争が行われる場でして、**その企業結合によって競争が制限されることとなるかどうかを判断する範囲**ということです。

企業結合によって、当事会社グループの間で競合する商品・役務（商品のことを財、役務のことをサービスということもありますが、以下、**第8回**の中ではこれらを「商品」といいます）がなければ、その企業結合によって、その商品の一定の取引分野での状況は変わりませんので、通常、独禁法上問題になりません。したがって、**まずは、企業結合審査では、競合する商品について検討することになります。**

　一定の取引分野は「商品の範囲」と、取引の地域の範囲である「地理的範囲」という2つの面から画定されますが、それぞれの範囲は、まず、基本的には、①「**需要者にとっての代替性**」という観点から、必要に応じてさらに②「**供給者にとっての代替性**」という観点からも判断されます。事業者が市場支配力を発揮することができるのは、ある事業者が商品Xの価格を引き上げたとしても、需要者にとって他に代わる商品がないのでそれを買わなければならないとか、別の地域の店に行くには時間と費用がかかるので、その地域の店で買わざるを得ないといったような場合です。したがって、独禁法上問題かどうかを判断する範囲である「**一定の取引分野**」（市場）**は、需要者（その商品を買う人、それが必要な人）からみた観点で画定される**ということです。

　この点はとても重要で、**供給者が取り扱っている商品の範囲とか、供給者が供給している地域の範囲が一定の取引分野ということではありません。**たとえば、コンビニの中には日本全国で事業を展開し、加えて、東アジアの国・地域でも店舗を展開しているところもありますが、したがって、コンビニの一定の取引分野の地理的範囲は日本を含む東アジアであるということにはなりません。それどころか、お客さんからみれば、たとえば、神奈川県横浜市都筑区に住んでいて、日頃、近所のコンビニで買い物をしている人が、近所のコンビニでの値段が上がったときに、千葉県柏市のコンビニでの値段が安いとしても、その人が柏市のコンビニに買いに行くということはないでしょう。横浜市都筑区のコンビニは、千葉県柏市のコンビニの価格のことを気にする必要は通常ありません。コンビニの一定の取引分野の地理的範囲は、お客さん（需要者）が買い回る範囲で画定されていまして、これまでの事案でも、当事会社の店舗の半径500メートルの範囲といった狭い範囲で画定されています。

[図表 8 - 6]　「一定の取引分野」の地理的範囲（コンビニエンスストア）

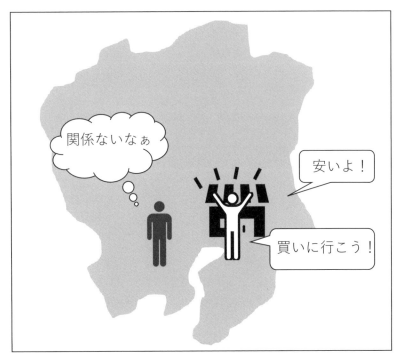

　こうした「需要者にとっての代替性」の理論的な考え方は、「スニップ基準」とか「仮定的独占者基準」と呼ばれています。

　スニップ（SSNIP）というのは、「小幅であるが、実質的かつ一時的ではない価格引上げ」（Small but Significant and Non-transitory Increase in Price）の略称です。ある事業者が、ある地域で、ある商品を独占して供給していると仮定します。この独占事業者が利潤を最大にしようとして、しばらくの間少しだけ価格を上げます。価格が上がると、その商品の代わりに他の商品を買ったり、その商品を他の地域のお店から買ったりしようとする需要者（買い手）もいるでしょう。このとき、他の商品や他の地域のお店に振り替える需要者（買い手）が少なければ、その独占事業者はこの価格引上げによって利潤を拡大することができます。一方、そういう需要者（買い手）が多くてその独占事業者がその価格引上げで利潤を拡大できないと

いうことですと、仮定したある地域とある商品よりも広い範囲で競争が行われているということになりますので、それらの範囲を広げていきます。そして、その独占事業者が価格引上げによって利潤を拡大することができる商品と地域の範囲がその企業結合によって競争上なんらかの影響が及び得る範囲ということになります。「小幅ではあるが、実質的かつ一時的ではない価格引上げ」は、通常、5％から10％の引き上げ幅で、期間は1年程度を指します。

　このスニップ基準で市場画定をするためには、事業者側から必要なデータを出してもらう必要がありますので、すべての事案で公正取引委員会もこの基準で画定しているわけではありませんが、最近では、この**スニップ基準の考え方で、実際にデータを用いた経済分析を行って一定の取引分野の画定に役立てた事案もそれなりに登場してきています。**

　また、先ほど説明したとおり、この①需要者にとっての代替性に加えて、②「供給者にとっての代替性」という観点も考慮されます。需要者からみれば、ある事業者Aの商品Xの値段が上がった場合に、この商品Xに競合する商品を事業者Bが新たに供給するようになったり、その地域にはそれまで店舗を有していなかった事業者Dがその地域に新たに店舗を設けて商品Xを供給するようになれば、需要者はそれらを選ぶことができるようになります。この**「供給者にとっての代替性」**も理論的には**「スニップ基準」**によって判断されます。

　「商品の範囲」は、このように①需要者にとっての代替性を基本に、必要に応じて②供給者にとっての代替性という観点も加えて画定されるのですが、実際には、その商品の効用などの同種性の程度と一致することが多いですので、商品の内容・品質や価格・数量の動き、需要者の認識・行動といった事項を考慮して判断できることが多くあります。

　また、**「地理的範囲」**についても、同じように、供給者の事業地域、需要者の買い回る範囲や商品の特性、輸送手段・費用といった事項を考慮して判断できることが多くあります。

　地理的範囲については、**日本全国やそれより狭い範囲で画定される場合に加えて、日本という範囲を超えて（国境を越えて）画定される場合もあります。**すなわち、ある商品について国内外の需要者が国内外の供給者を

差別することなく取引しているような場合には、日本で価格が引き上げられたとしても、日本の需要者は、代わりに海外の供給者からその商品を購入することができるので、日本での価格引上げが妨げられるということがあり得ます。このような場合には、国境を越えて地理的範囲が画定されることになります。世界全体が1つの市場（世界市場）と画定されることも、日本を中心とした地域的な市場（たとえば、東アジア市場）が画定されることもあります。これまでの事案では、鉄鉱石や半導体製品などで世界市場が画定されました。

[図表8-7]　「一定の取引分野」の地理的範囲（半導体製品など）

　ここで注意しないといけないのは、ある事業者が国境を越えて販売活動を展開しているから国境を越えた市場が画定されるというわけではなくて、あくまで、需要者（買い手）が国境を越えて商品を選択する（選ぶ）ことができるので、その選ぶことのできる範囲が地理的範囲として画定されるということです。

（3）　競争を実質的に制限することとなるかどうか

　一定の取引分野が画定されると、次に、一定の取引分野（市場）で「競争を実質的に制限する」「こととなる」かどうかが検討されます。

　「競争を実質的に制限する」とは、競争自体が減少して、特定の事業者または事業者集団がその意思で、ある程度自由に、価格、品質、数量、その他各般の条件を左右することによって、市場を支配することができる状態をもたらすことです（**東宝・新東宝事件**（東京高裁判決昭和28年12月7日））。

　この考え方は、不当な取引制限や私的独占と同じです。ただ、**違いは、**「**こととなる**」**場合に禁止されるということです。**「こととなる」とは、企業結合により、競争の実質的制限が必然ではないが容易に現出し得る状況がもたらされることで足りるとする蓋然性を意味するものといったようによくいわれますが、これは**つまり、確かな情報に基づいて必要十分な程度の正確性を持った将来予測をするということです。**この「蓋然性」を天気予報の確率になぞらえて説明しますと、日本の天気予報は、最近は、半日予報や翌日の予報は相当な確率で当たりますが、たとえば、客観的な証拠に基づいて、この天気予報の確率のような程度で競争が実質的に制限されると予測される場合には「蓋然性」があるといえる（が、季節予報（3か月先など）では足りない）といったように理解しておけば、この「蓋然性」という意味が分かりやすくなるかと思うのですが、どうでしょうか。

　企業結合は、水平型企業結合と垂直型企業結合、混合型企業結合の3つの形態に大きく分けられます。水平、垂直といういい方は、第6回の1で説明しましたが、**水平型企業結合**とは一定の取引分野で競争関係にある会社間の企業結合、**垂直型企業結合**とはメーカーと販売業者など取引段階を異にする会社間の企業結合、そして、異業種に属する会社間の企業結合など水平型でも垂直型でもないものが**混合型企業結合**です。そして、競争を実質的に制限することとなるかどうかの基本的な考え方は、こうした形態ごとに異なります。

[図表 8 - 8]　企業結合の 3 形態

水平型企業結合	一定の取引分野で競争関係にある会社間の企業結合 （例）家電製品メーカーと家電製品メーカーの企業結合
垂直型企業結合	取引段階を異にする会社間の企業結合 （例）メーカーと販売業者の企業結合
混合型企業結合	水平型でも垂直型でもない企業結合 （例）異なる業種間の企業結合

ア　水平型企業結合

　水平型企業結合は、市場におけるプレイヤーの数を必ず減少させることになるので、競争に与える影響が最も直接的です。

　まずは、この**水平型企業結合がセーフハーバー基準に該当するかどうかを判断します**。これに該当する場合には、その企業結合が一定の取引分野における競争を実質的に制限することとなるとは通常考えられないという基準がセーフハーバー基準です。これに該当すれば、詳細な検討は通常行われず、直ちに問題ないと判断されます。

　セーフハーバー基準に該当しない場合には独禁法上問題ということではなくて、その企業結合が一定の取引分野における競争を実質的に制限するかどうかについて、単独行動による競争の実質的制限（㋐）と協調的行動による競争の実質的制限（㋑）という 2 つの観点から個別具体的に検討されます。

㋐　単独行動による競争の実質的制限

　「単独行動による競争の実質的制限」というのは、企業結合後に 1 つの競争単位となる当事会社グループが、ある程度自由に価格を引き上げたり、供給量を制限するといった競争制限的な行為を行うことができるようになることです。

　このようになるかどうかは、①当事会社グループの地位（市場シェアなど）と競争者の状況（競争者の供給余力など）、②輸入圧力、③参入圧力、④隣接市場からの競争圧力、⑤需要者からの競争圧力（取引先変更の可能

性など）、⑥総合的な事業能力、⑦効率性、⑧当事会社グループの経営状況（業績不振など）、⑨一定の取引分野の規模（複数事業者による競争を維持することが困難かどうか）といった判断要素を総合的に考えて判断されます。

　これらのうち「**効率性**」ですが、これは、企業結合が単に当事会社グループにとって利益となるということではありません。**効率性の成果が需要者に還元されるものでなければなりません**ので、企業結合固有の効率性向上であること（固有性）と、効率性の向上が実現可能であること（実現可能性）、効率性の向上により需要者の厚生が増大するものであること（需要者の厚生増大の可能性）の３つの観点から判断されます。

　ところで、**公正取引委員会は、企業結合が問題となるかどうかを市場シェアで（市場シェアだけで）判断しているといわれる**ことがあります。しかし、以上のように、**競争が実質的に制限されることとなるかどうかの判断要素のうち市場シェアに関係するものはごくごく一部にしか過ぎません**。むしろ、市場シェアが前面に出てくるのは、セーフハーバー基準（白になるかどうかの基準）のところで、これに当たらない場合には、①から⑨までのさまざまな要素を検討して（企業結合の結果、需要者（買い手）にとって十分な選択肢が確保できなくなるかどうかを）判断することになります。市場シェアが○％以上だから違反といった形式的な判断がされているわけではありません（黒になる基準として用いられてはいません）。

　この市場シェアの企業結合審査での位置付けについて、風邪を引くと熱が出たりしますが、この熱になぞらえて考えてみましょう。

　熱があって病気かもしれないと心配になって病院に行きますと、医者は病気かどうか診察をします。その結果、大したことはないということもあれば、さらに治療を要したり、場合によっては入院ということもあり得ます。市場シェアが高いというのは、この熱があるというのと同じで、競争の実質的制限になるかもしれない（病気かもしれない）と懸念（心配）して詳しく調べます。その結果、独禁法上問題がないという場合もありますし、問題解消措置（治療や入院）が必要ということもあります。**たとえば、熱が38度以上あったら入院というわけではないのと同じく、企業結合審査でも市場シェアが○％以上だったら独禁法違反ということではないのです。**

(イ) 協調的行動による競争の実質的制限

「協調的行動による競争の実質的制限」というのは、**企業結合後に当事会社グループが1つの競争単位となった結果、一定の取引分野に存在する競争単位が減ることで、各競争者が互いの行動をさらに高い確度で予測することができるようになって、たとえば、当事会社グループが価格を引き上げた場合に他の競争者がその価格引上げに追随するというように、当事会社と競争者が協調的な行動をとるようになることです。**

　企業結合によってこのような状況になるかどうかは、次のような判断要素を総合的に勘案して判断されます。すなわち、①当事会社グループの地位と競争者の状況、②取引条件、需要動向、技術革新の動向、過去の競争の状況といった観点を考慮した上での取引の実態等の判断要素のほか、輸入、参入と隣接市場からの競争圧力等や、効率性と当事会社グループの経営状況も単独行動による競争の実質的判断と同様に総合的に勘案して判断されます。

イ　垂直型企業結合と混合型企業結合

　垂直型企業結合と混合型企業結合は、一般的には、水平型企業結合と違って、一定の取引分野での競争単位の数が減少しないので、競争に与える影響は水平型企業結合に比べて大きくないと考えられます。ただ、近年、この後で説明します、市場の閉鎖性とか秘密情報の入手とかの観点から、垂直型企業結合や混合型企業結合で独禁法上問題のある審査事例が蓄積されてきていまして、水平型企業結合でないからまず問題ないだろうというわけにはいきません。

　なお、垂直型企業結合と混合型企業結合についてもセーフハーバー基準があります。

(ア) 垂直型企業結合

　当事会社グループの単独行動で川下市場で問題が生じる場合としては、①「供給拒否等」と②「秘密情報の入手」の2つがあります。

　ところで、垂直型企業結合の審査のところで出てくる川上市場、川下市場という用語は、**第7回の4 (2)** で「マージンスクイーズ」について説

明したときにお話ししましたが、商品が生産されて最終消費者に届くまでの商品の流れを川の流れになぞらえて、メーカーと販売業者が企業結合をする場合には、より上流のメーカーの属する一定の取引分野を川上市場、より下流の販売業者の属する一定の取引分野を川下市場と呼ぶということですね。

　［図表 8 - 9］をご覧ください。

［図表 8 - 9］　供給拒否等

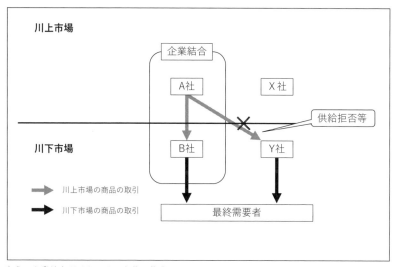

出典：企業結合ガイドラインを基に作成

　まず、①「供給拒否等」ですが、垂直型企業結合が行われた結果、川上市場の当事会社が川下市場の競争者に対する財・サービスの供給拒否等を行って、販売市場での競争者を排除して川下市場を独占化するといった「投入物閉鎖」と呼ばれる問題が生じる可能性があります。これが実際に生じるかどうかは、当事会社に投入物閉鎖を行う「能力」があるかどうかと、「インセンティブ」があるかどうか（供給拒否等を行った結果利益が増えるのであれば、それを行う「インセンティブ」があることになります）の 2 つの観点から検討されます。

次に、［図表8 - 10］をご覧ください。

［図表8 - 10］　秘密情報の入手（川下市場の会社が川上市場の会社を通じて）

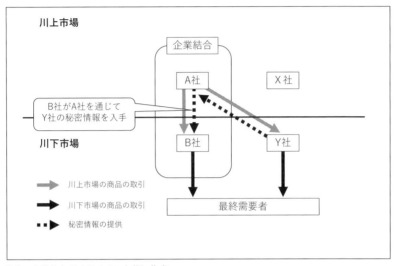

出典：企業結合ガイドラインを基に作成

　今度は②「秘密情報の入手」です。垂直型企業結合が行われた結果、川下市場の当事会社が川上市場の当事会社を通じて、川下市場の競争者の秘密情報（たとえば、競争者である販売業者の価格・数量などの仕入れ情報とか）を入手して自己に有利に用いることで川下市場を独占化するという問題が生じる可能性があります。

　また、川上市場で問題が生じる場合としては、①「購入拒否等」と②「秘密情報の入手」の２つの場合があります。

　次のページの［図表8 - 11］をご覧ください。

[図表 8 - 11]　購入拒否等

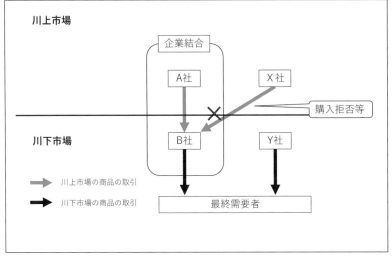

出典：企業結合ガイドラインを基に作成

　①「**購入拒否等**」は、［図表 8 - 9］の供給拒否等の逆で、垂直的企業結合が行われた結果、川下市場の当事会社が川上市場の競争者からの財・サービスの購入拒否等を行って川上市場を独占化するといった「顧客閉鎖」と呼ばれる問題が生じる可能性があります。これが実際に生じるかどうかも、投入物閉鎖と同じく、顧客閉鎖を行う「能力」と「インセンティブ」の 2 つの観点から検討されます。

　さらに次のページの［図表 8 - 12］をご覧ください。

[図表 8 - 12]　秘密情報の入手（川上市場の企業が川下市場の会社を通じて）

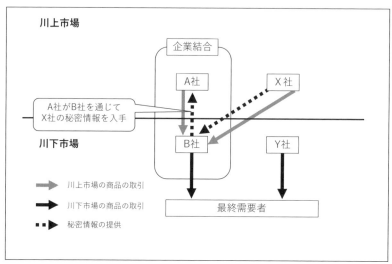

出典：企業結合ガイドラインを基に作成

　②「秘密情報の入手」は、先ほどの川下市場における問題と同じく、川上市場の当事会社が川下市場の当事会社を通じて、川上市場の競争者の秘密情報（競争者であるメーカーの価格等の情報）を入手して自己に有利に用いることによって川上市場を独占化するという問題が生じる可能性があります。

　㋑　混合型企業結合
　混合型企業結合では、「組合わせ供給」によって市場の閉鎖性・排他性の問題が生じる場合があります。

　次のページの［図表 8 - 13］をご覧ください。

[図表 8 - 13]　組合わせ供給

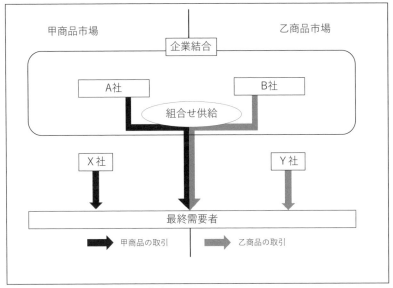

出典：企業結合ガイドラインを基に作成

　A社の甲商品とB社の乙商品は、2つの別の商品ですが、需要者は同一です。A社とB社の企業結合後に当事会社グループが甲商品と乙商品を組み合わせて供給すると、甲商品や乙商品の市場での競争者（X社とY社）の競争力が減退したり、競争者が市場から退出したりすることになる場合があります。これが「**混合型市場閉鎖**」です。これが実際に生じるかどうかも、「購入拒否等」と同じくこれを行う「能力」と「インセンティブ」の2つの観点から検討されます。

　また、**混合型企業結合でも、「秘密情報の入手」による問題が生じる場合があります。**

　次のページの［図表8 - 14］をご覧ください。

　技術的要因により甲商品と乙商品の相互接続性を確保するために、甲商品の供給者と乙商品の供給者が競争上重要な秘密情報を交換する必要があるという場合があります。このときに、混合型企業結合後、A社が乙商品を供給しているB社を通じて、X社（A社の甲商品の競争者）の競争上の

重要な秘密情報を入手して、その情報を自己に有利に用いると、X社の競争力が減退し、こうした競争者からの牽制力が弱くなって、A社の市場で市場の閉鎖性・排他性の問題が生じる場合があり得ます。

[図表8-14]　秘密情報の入手（混合型企業結合の場合）

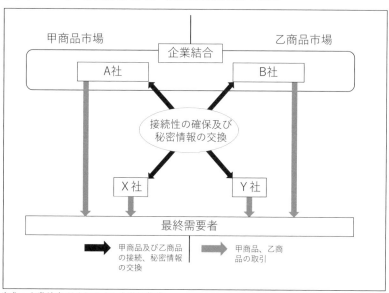

出典：企業結合ガイドラインを基に作成

（4）　問題解消措置

　公正取引委員会が審査を進めた結果、その企業結合が一定の取引分野における競争を実質的に制限することとなると判断された場合でも、当事会社が一定の適切な措置を講じることで、その問題を解消することができる場合があります。

　この措置を「**問題解消措置**」といいます。

　問題解消措置は、企業結合によって失われる競争を回復することができるものであることが基本です。どのような問題解消措置が適切かは、個々の企業結合事案に応じて個別具体的に検討されます。公正取引委員会が当

事会社に対して、単数または複数の一定の取引分野について問題であるとの考えを伝えると、当事会社がその問題を解消するに足る問題解消措置を公正取引委員会に対して提案します。典型的な問題解消措置は、事業譲渡やコストベースによる引取権、輸入や参入を促進する措置、そして、共同出資会社における情報遮断、事業を行うために不可欠な施設の利用等において差別的な取扱いをしないことなどの当事会社グループの行動に関する措置などです。

　問題解消措置には、事業譲渡などの構造的な措置と、共同出資会社における情報遮断のような行動的な措置があります。

　構造的な措置は、当事会社グループがいったん適切な措置をとれば、その後の定期的な監視は必要ありません。一方、行動的な措置では、公正取引委員会がその後も定期的に措置内容について届出会社から報告を受けるなど、継続的に監視をする必要があります。このため、**一般的に構造的な措置のほうが望ましく、構造的な措置が問題解消措置の基本ですが、一定の行動に関する措置がとられることも実際には結構あります。**

　今回の冒頭でいいましたが、競争を実質的に制限することとなる一定の取引分野で十分な問題解消措置をとることができる場合には、その問題解消措置を前提として独禁法上問題ないと判断されることになります。しかし、十分な問題解消措置をとることができない場合には、通常、当事会社はその企業結合を止めますが、仮に、当事会社がその企業結合を止めない場合には、そのままにしておくわけにはいきませんので公正取引委員会は排除措置命令を出すことになります。

[図表 8 - 15]　問題解消措置

 ## 2　企業結合審査の手続

　続いて、企業結合審査の手続についてです。

　[図表 8 - 16] をご覧ください。

　具体的に企業結合を予定している会社（当事会社）は、届出前相談をするかどうかは任意ですが（つまり、届出前相談は、してもしなくてもいいのですが）、一定の要件を満たす企業結合だと、企業結合計画の届出をしなければなりません。公正取引委員会は、この届出から 30 日以内で第一次審査を行いますが、多くの企業結合計画は、この段階で問題ないと判断されます。さらに詳細な審査が必要な事案ですと、公正取引委員会が当事会社に報告等の要請をします。当事会社が要請された報告等のすべてを提出してから 90 日以内の期間で公正取引委員会は第二次審査を行って、問題

[図表8-16] 企業結合審査のフローチャート

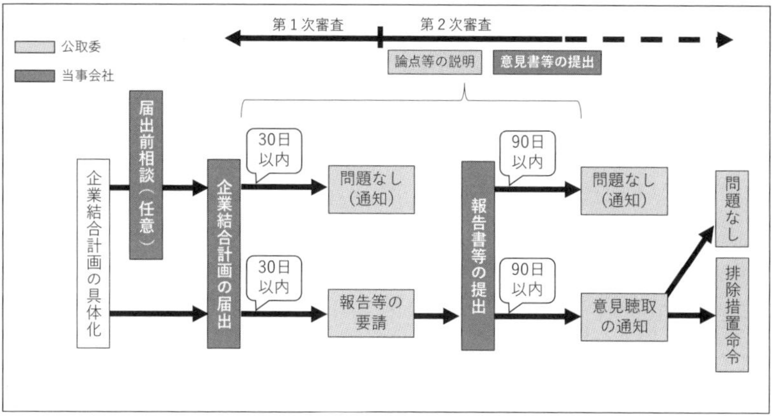

第1次審査　第2次審査

論点等の説明　意見書等の提出

公取委
当事会社

企業結合計画の具体化 → 届出前相談（任意）→ 企業結合計画の届出

30日以内 → 問題なし（通知）

30日以内 → 報告等の要請

報告書等の提出

90日以内 → 問題なし（通知）

90日以内 → 意見聴取の通知

問題なし

排除措置命令

出典：公正取引委員会「公正取引委員会の最近の活動状況」（令和2年10月）を基に作成

があるかどうかの判断をします。通常は、①当初の企業結合計画どおりで問題ないと判断されるか、または、②1つのまたは複数の一定の取引分野で競争を実質的に制限することとなる場合には、公正取引委員会が当事会社にこの判断を伝えて、当事会社がこの問題を解消するのに十分な問題解消措置を提出して、その問題解消措置を前提として問題がないと判断されるかのいずれかです。もし、公正取引委員会が問題があると判断したにもかかわらず、当事会社がその企業結合を止めない場合には、独禁法違反事件で排除措置命令に至る手続と同じ手続に従って、意見聴取の通知（事前通知）をして、排除措置命令を出すことでその企業結合計画が実行されないようにします。

(1) 届出

企業結合を実行する前に公正取引委員会に届出を行わなければならないのは、一定の要件を満たす株式取得、合併、共同新設分割・吸収分割、共同株式移転、事業譲受等です。役員兼任や会社以外の者の株式取得は届出の対象ではありません。加えて、届出対象の範囲についても国内売上高などで規定されています。

届出は事業者にとって負担にもなるので、企業結合のうち競争上問題が

生じる可能性の高いものに限って届出を義務付けているということです。

　たとえば、合併で届出対象になるのは、合併当事会社のうちに、国内売上高合計額（株式取得会社単独ではなくて、企業結合集団（当事会社の最終親会社とその子会社のすべて）の国内売上高を合計した額）が200億円を超える会社と国内売上高合計額が50億円を超える会社が存在する場合です。また、株式取得では、株式取得会社（俗ないい方をすると、買収するほう）の国内売上高合計額が200億円を超えていて、かつ、株式発行会社（買収されるほう）とその子会社の国内売上高の合計額が50億円を超えていて、保有する議決権の割合（企業結合集団でみた割合）が20％または50％を超えることとなる場合が届出の対象です。

　ただ、**届出の必要のない企業結合であっても競争に大きな影響を与えるような事案であれば、公正取引委員会は審査することができます**（たとえば、**グーグルとフィットビットの統合**（公取委報道発表令和3年1月14日）、**エムスリーによる日本アルトマークの株式取得**（公取委報道発表令和元年10月24日））。というのは、たとえば合併について独禁法では、まず、合併によって一定の取引分野における競争を実質的に制限することとなる場合にはその合併をしてはならないと規定した上で、これこれの要件に当たる場合には、あらかじめその合併に関する計画を公正取引委員会に届け出なければならないと規定しています。つまり、①**一定の取引分野における競争を実質的に制限することとなる合併であれば、届出の対象であろうとなかろうと、してはならない**（公正取引委員会が禁止することができる）し、②**一定の要件を満たす合併は届出の義務がある**、という仕組みになっています。

　日本の独禁法では、このように、届出対象であるかどうかにかかわらず問題のある企業結合は禁止することができるという仕組みで、米国もこれと同じです。一方、EUやドイツは、企業結合の審査ができるのは届出の対象である企業結合事案のみという仕組みで、届出対象でない企業結合事案は、たとえ問題があっても禁止することができません。このため、**EUやドイツでは、日本や米国と比べて、届出対象の範囲をどうするかということはより重要な問題**です。

　この届出を要しない企業結合に対する審査については、**手続対応方針**

（「企業結合審査の手続に関する対応方針」）に書かれています。この後の3
(1)「スタートアップ買収対応」のところで説明します。

（2）　届出前相談

　届出予定会社は、この届出の前に届出前相談をすることもできますが、
これはあくまで任意で、届出前相談をするかどうか、届出前相談をする場
合に、どのような内容の相談をするか、どの程度の時間をかけるかは、す
べて届出会社の気持ち次第です（裁量に任されています）。いわゆるドラフ
トチェック（届出書の記載内容に不備がないかを届出前に担当官に確認しても
らうこと）のみだと、さほど日数がかからないでしょうし、一方で、第二
次審査に入る際に、要請される報告等に相当する資料を提出して詳細な説
明も行い、届出をして第一次審査が始まる前に公正取引委員会の判断を実
質的に得たいと考える当事会社もあって、この場合は相当な期間を要する
ことになります。

　企業結合審査の手続に要する期間について、独禁法では、第一次審査は
届出から30日以内、第二次審査は要請された報告等がすべて提出されて
から90日以内といったように、公正取引委員会が審査を行うことのでき
る期間の上限が定められています。つまり、とても重要な点は、**公正取引
委員会は企業結合審査の期間を延ばすことはできませんが、届出会社は、
いつ届出をするか、要請された報告等のすべてをいつ提出するかというこ
とを自由に決めることで企業結合審査に要する期間をコントロールするこ
とができるということです。**この点については、誤解されていることがた
びたびありますので、十分頭に入れておきましょう。

（3）　第一次審査

　届出会社から届出があると、30日間の第一次審査期間が開始します。
この30日間、届出会社は企業結合を実行することができません（禁止期
間）。多くの企業結合事案は、第一次審査で問題ないと判断されますが、
より詳細な審査が必要と判断されると第二次審査に進みます。**30日間の
禁止期間は、届出会社の申出によって短縮することが可能で、実際にも禁
止期間の短縮は多く行われています。**

　企業結合の届出の状況はといいますと、たとえば、令和元年度では、届出件数が310件で、第一次審査で終了したものが300件（そのうち217件で禁止期間短縮）で、第二次審査に移行したのは、1件（その前3年をみても、3件、1件、2件）で、ほとんどすべての事案は第一次審査で終了。**問題があり得る数少ない事案について集中して詳細な審査が行われています。**

[図表8-17]　企業結合の届出件数

年度	平成29年度	平成30年度	令和元年度	令和2年度 （4月～9月）
届出件数	306	321	310	119
第一次審査で終了したもの	299	315	300	106
うち禁止期間の短縮を行ったもの	(193)	(240)	(217)	78
第一次審査終了前に取下げがあったもの	6	4	9	3
第二次審査に移行したもの	1	2	1	1

（注）　令和2年度4月～9月の「届出件数」には、令和2年度10月以降においても引き続き審査を行っている案件（第1次審査中の9件）を含む。

出典：公正取引委員会「公正取引委員会の最近の活動状況」（令和2年10月）参照

(4)　第二次審査

　より詳細な審査を要する事案については、第一次審査の期間中に「**報告等の要請**」を公正取引委員会が当事会社に対して行って、第二次審査に進みます。

　第二次審査を詳細に行うためには、必要な資料を当事会社から提出してもらわなければなりません。報告等の要請は、そうした必要な追加資料を請求することです。

　公正取引委員会が報告等の要請を行う際には、それが公表されます（報道発表と、公正取引委員会のウェブサイトにアップ）。

　公正取引委員会が**第二次審査を行うことのできる期間**は、この報告等の要請に対するすべての報告等を当事会社から受理した日から90日を経過

した日までです。この期間は、公正取引委員会が事前通知を行うことので
きる期間として独禁法に規定されています。この事前通知とは、公正取引
委員会が競争を実質的に制限することとなると判断した企業結合について
排除措置命令を行うために必要な事前の手続ですので、この期間がすなわ
ち、公正取引委員会が第二次審査（詳細な審査）を行うことができる期間
になります。

　公正取引委員会が第二次審査に進んだことを報道発表する際、同時に、
第三者からの意見を募集します。意見の募集期間は、公表後 30 日以内で
す。この意見募集に加えて、公正取引委員会の担当官は、当事会社の競争
者や需要者などからのヒアリングやアンケート調査などを行って、その企
業結合が競争に与える影響についての審査を進めます。

　**第一次審査と第二次審査の期間を通じて、届出会社は公正取引委員会に
対して、その時点での論点等について説明を求めることができますし、意
見書や資料を提出することもできます。**論点等の説明は、届出会社が希望
したときだけでなく、公正取引委員会が必要と考えた場合に行うこともあ
ります。最近では、一定の取引分野の画定などに関して経済分析を含む意
見書が提出される場合もあります。その場合は、公正取引委員会に在籍す
るエコノミストなどから構成されている経済分析チームがその検証や評価
を行って、届出会社との間で議論を行うこともあります。このように、**届
出会社と公正取引委員会との間では、密接に意思疎通しながら企業結合審
査が進められていきます。**

[図表 8 - 18]　第 2 次審査

（5）　措置

　第二次審査の結果、公正取引委員会は、①独禁法上問題がないと判断するか、②独禁法上問題があるが、届出会社がその企業結合計画を止めないので、排除措置命令を目指して事前通知をするか、のいずれかの措置をとることになります。

　2 の最初のほうでいいましたように、①では、当初の企業結合計画どおりで問題ないと判断される場合と、公正取引委員会が当事会社に 1 つのまたは複数の一定の取引分野で競争を実質的に制限することとなるとの判断を伝えて、当事会社がこの問題を解消するのに十分な問題解消措置を提出して、その問題解消措置を前提として問題がないと判断される場合とがあります。

　②のほうは、今とは手続が違いますが（第 2 回でお話しした独禁法の平成 17 年改正以前の手続です）、同様の事例として、**合併をしないよう勧告し、東京高裁に緊急停止命令を申し立て、審判手続を経て、昭和 44 年（1969年）10 月 30 日に同意審決で終了した八幡製鐵と富士製鐵の合併（新日鐵**

合併事件）があります。それ以降これまで②に当たる事案はありません。

　また、②の事前通知以降の手続は、不当な取引制限などの審査手続での事前通知以降の手続と同じです。ただし、不当な取引制限などの独禁法違反事件とは違って、企業結合事案では、たとえ事前通知が行われても、その後に届出会社から十分な問題解消措置の申出があって排除措置命令を行う必要がなくなるということも例外ではないと考えられています。

　第二次審査が行われたすべての事案の審査結果は、公表されます。

(6)　問題解消措置の提出

　届出会社が問題解消措置を提出する時期や期限の定めはありません。届出会社は、いつでも問題解消措置を申し出ることができます。ただ、たとえば、第二次審査の90日間の期限の終了間際に問題解消措置の申出があった場合には、公正取引委員会はその内容を十分に検討することができないので、その問題解消措置の内容が反映されないまま事前通知が行われることになってしまう可能性が高いでしょう。

(7)　緊急停止命令

　(3)で説明したように、届出から30日間の禁止期間には企業結合を実行することはできません。しかし、**それ以降に第二次審査に移行となったとしてもその実行は法律上禁止されていません。**そのため、**企業結合が実行されてしまって市場の競争に悪影響が生じるという懸念がある場合には、公正取引委員会は裁判所に緊急停止命令を申し立てることができます。**公正取引委員会は、(5)でお話しした新日鉄合併事件で緊急停止命令の申立てをしました。これまでに企業結合事案ではこれのみです。

 ## 3　企業結合審査をめぐるトピックス

　今回の最後に関連するトピックスを2つ。

（1） スタートアップ買収対応（＝青田買い規制？）

　2（1）でいいましたように、届出を要しない企業結合でも（稀ではあるものの）競争への影響が懸念される事案であれば、公正取引委員会は審査をすることができます。このため、届出を要しない企業結合計画についても、具体的な計画内容を示して相談があった場合には、公正取引委員会は届出を要する企業結合の審査手続に準じて対応します（「準ずる相談」）。

　このところ、スタートアップ企業のような現時点では規模は小さいものの、データや知的財産権等の競争上重要な資産などを有している企業や、将来的に競争事業者となる潜在的な可能性のある企業をデジタル・プラットフォーム事業者が買収することへの懸念が指摘されています。日本を含む多くの国・地域では、企業結合の届出基準が当事会社の売上高をベースにしていますので、こうした売上高は小さいものの高い潜在競争力を有するスタートアップ企業等が買収される企業結合では、届出基準を満たさないことになります。このため、[図表8-19]のような場合には、公正取引委員会は、届出がなくても審査を行いますし、そうした企業結合計画については、公正取引委員会に相談することが望まれると**手続対応方針**（企業結合審査の手続に関する対応方針）に明示されています。

[図表8-19]　公正取引委員会に相談することが望まれる届出不要企業結合計画

買収に係る対価の総額（買収額）が大きく　　　かつ　　　国内の需要者に影響を与えると見込まれる場合	
買収額が400億円を超えると見込まれ　　　かつ　　　右の①～③３つのいずれかを満たすなどその企業結合計画が国内の需要者に影響を与えると見込まれる場合	①　被買収会社（買収される会社）の事業拠点や研究開発拠点等が国内に所在する場合 ②　被買収会社が日本語のウェブサイトを開設したり、日本語のパンフレットを用いるなど国内の需要者を対象に営業活動を行っている場合 ③　被買収会社の国内売上高が1億円を超える場合

出典：手続対応方針参照

今回の２の最初のほうでいいましたように、日本の独禁法では届出対象であるかどうかにかかわらず問題のある企業結合は禁止することができますので、このように手続対応方針で明確化するという対応が可能です。しかし、企業結合審査ができるのは届出の対象である企業結合事案だけというEUやドイツではそうはいきません。実際、ドイツでは2017年に届出基準を追加する法改正が施行されましたし、EUでもそうした議論があります。

１（２）でお話したセーフハーバー基準に該当すると、一定の取引分野における競争を実質的に制限することとなるとは通常考えられず、各判断要素に関する検討が通常は不要となりますが、**当事会社が競争上重要なデータや知的財産権等の資産を有するなど、市場シェアに反映されない高い潜在的競争力を有しているような場合**（スタートアップ企業の買収事案を想定したものです）**には例外的に個別の検討が必要になる**ことが企業結合ガイドラインにも明記されています。

また、**スタートアップ買収の問題は、将来的に競争事業者となり得る事業者が早い段階でいなくなって競争促進の可能性が消えてしまっているのではないかという懸念**（潜在的競争の消滅の問題）**でもあります**。この点、混合型企業結合での一方当事会社が他方当事会社の市場に参入する具体的な計画をその時点では持っていなくても、その一方当事会社が他方当事会社の商品市場や地域市場に参入することが可能である場合には、こうした潜在的競争の消滅の問題が生じることがあります。このため、参入後に有力な競争者になることが見込まれる場合には、そうでない場合と比較して、競争に及ぼす影響が大きいということ、そして、こうした競争に及ぼす影響が大きい典型的な例として、ある市場で既に事業を行っているA社が、現在はその事業は行っていないが、データ等の重要な投入財を有し、市場に参入した場合に有力な競争者となることが見込まれるB社と企業結合することで、そうしたB社の新規参入の可能性を消滅させる場合が企業結合ガイドラインに例示されています。

[図表8‐20] 潜在的競争の消滅の問題

(2) ガン・ジャンピング（＝フライング？）

　最近、企業結合審査の手続に関連して、「ガン・ジャンピング」とか「ガン・ジャンピング規制」という言葉が登場することがあります。これは、**企業結合の手続が完了する前に、当事会社同士が、価格や顧客との取引条件などの重要な情報の交換や、相手会社を支配したり協調的行動をとったりする行為を行うことです。**これらの行為は、企業結合手続の完了前に行われると、不当な取引制限（カルテル）と同じ問題が生じます。アメリカやヨーロッパなどでは、このガン・ジャンピングに当たるとして巨額の罰金や制裁金が課された事件もあります。

　ガン・ジャンピングというのは、陸上競技などでスタートの合図が鳴る前に飛び出すことで、通常の日本語では「**フライング**」と呼ばれていますから、フライングとかフライング規制といえばいいのに、そのほうが分かりやすいのに、と思うのですが、なぜか「ガン・ジャンピング」とか「ガン・ジャンピング規制」といわれています。

[図表8-21]　ガン・ジャンピング規制

これに相当する事案が平成28年（2016年）の**キヤノンによる東芝メディ
カルシステムズの株式取得**です（公取委報道発表平成28年6月30日）。

　この件でキヤノンは、届出の前に、東芝メディカルシステムズの普通株
式を目的とする新株引受権等を取得し、その対価として、実質的には普通
株式の対価に相当する額を東芝に支払うとともに、キヤノンが新株引受権
を行使するまでの間、第三者が東芝メディカルシステムズの議決権株式を
保有していました。

　なぜ、このような複雑なことをしたのかについては、報道等によれば、
次のようにいわれています。

　当時、東芝は、3月末までに東芝メディカルシステムズの株式売却を完
了して、株の売却益を3月末の決算期に計上したいという状況にあったの
ですが、東芝が医療子会社である東芝メディカルシステムズ売却の独占交
渉権をキヤノンに与えたのは2016年の3月9日でした。独禁法の規定で
届出受理日から30日間は2（1）で説明した禁止期間で株式取得ができま
せんので、届出を急いで行ったとしても第一次審査の終了まで待つと3月
末に間に合わないかもしれません。そこで、新株予約権や無議決権株式に

ついては、独禁法の株式取得の届出に規定がないことなどを利用して、独禁法の企業結合の手続を回避して実質的に株の売却益を東芝が3月末までに手に入れることができるようにするために、このような複雑な仕組みで株の取引をしたということです。

　しかし、こうした一連の行為は、独禁法に基づく企業結合審査において公正取引委員会の承認を得ることを条件として最終的にキヤノンが東芝メディカルの株を取得することとなることを前提としたスキームの一部を構成していて、第三者を通じてキヤノンと東芝メディカルとの間に一定の結合関係が形成されるおそれを生じさせるものです（つまり、ほとんどガン・ジャンピングだ！）。そうしますと、これら一連の行為が届出を行う前になされたことは、事前届出制度の趣旨を逸脱し独禁法の規定に違反する行為につながるおそれがあることから、今後、このような行為を行わないよう、公正取引委員会はキヤノンに対して注意を行いました。

　ところで、この件では、この株式取得自体については当初の計画どおりで競争を実質的に制限することとはならないと判断されましたので、**それ自体に競争上の問題はない企業結合事案で手続の違反を問題にすることに意味はないのではと思う人もいるかもしれません。**

　これについては、次のように考えられます。

　企業結合審査は、事業者の自由な行動を損なうことのないよう、一定の限られた時間の中で適切な判断を行えるよう手続が定められています。その大前提は、当事会社が提出する資料や当事会社の説明に間違いがないということです。間違いがあるかもしれないということになると、公正取引委員会は、審査の密度を上げる、すなわち、たとえば、提出された資料や説明が正しいかどうかのいわゆる「裏取り」の調査もしなければならなくなって、独禁法で定められた現行の手続の期間（30日で第一次審査、求めた資料がすべて提出されてから90日以内に第二次審査）では足りないということになり、審査期間を長期化する法改正が必要になるでしょう。手続がきちんと行われることで、結果を迅速かつ適切に出すことができます。**企業結合審査で手続がきちんと行われないと、結果が迅速に出ないだけでなく、間違った判断となり、当事会社だけでなく、経済社会全体にも損害を与えることになってしまう危険があります。**こうしたことは企業結合審査

に限らずいえるでしょう。

　さらに、そもそも、手続的正義という考え方があります。**正義は、ただ行われるだけでは足りず、それが行われたと明らかに疑いなくみえるものでなくてはならない。本当の正しさは、事が進んでいく流れのなかで正しいとみえるものだということです。**これは、実体的正義（プロセスなどより結果の中身がよければいい）という考え方に相対するもので、実体的正義（この場合は、企業結合が違法かどうか間違いなく判断されること）が実現されるためには、その手続・過程・プロセスについても一定のルールに従って適切に行われなければならないというのが「手続的正義」の考え方です。だからこそ、競争上の問題がないと判断される企業結合事案であっても、きちんとした手続で進めなければならないということなのです。「**結果よければ、やり方はなんでもよい**」ではなくて、「**結果もやり方も、両方とも正しくやってください**」ということですね。

適用除外とか、行政指導とか、
規制分野とか

第9回

　前回の**第8回**までで、不当な取引制限、不公正な取引方法、私的独占と企業結合規制という独禁法の4本柱を学び終えました。これまでは（**第6回**でちょっとだけ再販売価格の拘束の例外に触れましたが、基本的に）独禁法が適用できるということが前提で、どのような場合に違反になるのかといったお話をしてきましたが、今回の**第9回**では、**独禁法を適用できない場合とか、独禁法が適用できるかどうか議論があるような場合**についてお話します。最初に独禁法適用除外（**1**）、次に行政指導と独禁法の関係（**2**）、そして規制分野への独禁法の適用（**3**）です。

 ## 1　独禁法適用除外

　独禁法の目的は、これまでも何度か出てきたように、公正かつ自由な競争を促進すること、そして、これによって、一般消費者の利益を確保するとともに国民経済の民主的で健全な発達を促進することですが、**こうした独禁法の目的とは異なる政策目的を達成する観点から、特定の分野での一定の行為に関して、独禁法の適用を除外する**ということ（独禁法適用除外）

が法律で規定されていることがあります。

　たとえば、カルテルは独禁法で禁止されていますが、不況の克服とか、合理化、中小企業の保護、地域交通の維持などの一定の経済政策上の目的から、特別な立法や規定によって例外的に許容するというように、特定の行為について類型的に独禁法の適用が除外されるということです。

　こうした独禁法適用除外は、独禁法自体に規定されているものと、独禁法以外の法律に個別に定められているものとがあります。

　独禁法に基づく適用除外には、一定の組合の行為（(2)）、再販売価格維持契約（(3)）と知的財産権の行使行為（(4)）の３つがあります。また、独禁法以外の個別の法律で特定の事業者や事業者団体の行為についての独禁法の適用除外を定めているのは、令和２年（2020年）度末現在で保険業法など18の法律があります。これを「個別法に基づく適用除外」といいます。

[図表9-1]　独禁法の適用が除外されているもの

独禁法自体で定められているもの	独禁法以外の法律に定められているもの
・　一定の組合の行為 ・　再販売価格維持契約 ・　知的財産権の行使	・　保険業法 　など18法律25制度

（1）　独禁法適用除外の変遷

　個々の独禁法適用除外に入る前に、これまでの経緯や見直しなどについてざっと振り返ってみましょう。

　独禁法適用除外の多くは、昭和20年代から30年代にかけて、産業の育成・強化や、国際競争力強化のための企業経営の安定・合理化等を達成するといった目的の下に、各産業分野で数多く創設されましたが、特に1990年代以降、個々の事業者の効率化への努力が十分に行われず、事業活動における創意工夫の発揮が阻害されるおそれがあるなどの問題が指摘されて、[図表9-2]のように適用除外を減らしたり、その範囲を限定する方向での見直しが行われ、最近、適用除外がいくつか新たに設けられた

ものの、平成 7 年（1995 年）度末で 30 法律 89 制度あった適用除外は、令和 2 年（2020 年）度末現在では、18 法律 25 制度となったのです。また、適用除外カルテルの件数でみると、昭和 40 年度末の 1,079 件がピークで、令和 2 年度末では、40 件となっています。

[図表 9 - 2]　独禁法適用除外制度の変遷

年	適用除外制度の改廃
平成 9 年 （1997 年）	独禁法の適用除外制度の整理等に関する法律の施行 →・　個別法の適用除外のうち、20 法律 35 制度の廃止等
平成 11 年 （1999 年）	独禁法の適用除外制度の整理等に関する法律の施行 →・　独禁法に規定されていた不況カルテル制度と合理化カルテル制度の廃止 ・　その当時あった独禁法適用除外法の廃止等
平成 12 年 （2000 年）	独禁法一部改正法施行 →・　自然独占事業に固有な行為の適用除外規定 (*) の廃止 （＊）：鉄道事業、電気事業、ガス事業のようにその性質上当然に独占となる事業を営む者の行う生産・販売・供給に関する行為で、かつ、その事業に固有のものには独禁法の規定は適用しないという規定
平成 26 年 （2014 年）	改正タクシー特措法施行 →・　タクシー事業の供給輸送力の削減等に関する適用除外の新設
令和 2 年 （2020 年）	地銀・バス特例法施行 →・　乗合バス事業者等の共同経営と、乗合バス事業者と地域銀行に関する合併等についての適用除外の新設

(2)　適用除外その 1——一定の組合の行為

　独禁法自体に根拠規定が定められている 3 つの適用除外のうち、まず、一定の組合の行為についてですが、これは、小規模な事業者の相互扶助を目的として法律の規定に基づいて設立された組合が行う共同経済事業について、原則として独禁法の規定の適用を除外するものです。
　中小企業等協同組合法に基づく中小企業等協同組合、農業協同組合法に

基づく農協、消費生活協同組合法に基づく生協などがこの組合に当たります。こうした組合を「**適格組合**」といいます。

　単独では大企業に対抗できない中小事業者によって設立された相互扶助を目的とする組合の事業活動の独立性をある程度確保したまま、単一の事業体として共同経済事業を行うことを許容するというのがこの適用除外の趣旨で、こういう**適用除外を設けたのは、小規模事業者や農業従事者にとっては、集団として、大企業である取引業者に対して取引条件について対等な交渉力を持つことや、大企業である競争者に対等に競争していくことが必要になるからです**（**高知県農協事件**（東京高裁判決令和元年 11 月 27 日））。

[図表 9 - 3]　農協

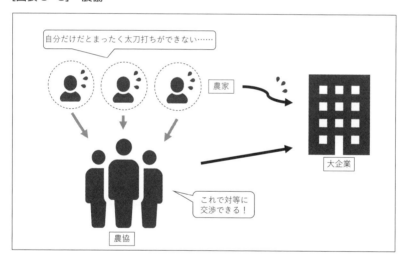

　原則として独禁法の適用が除外されるのは、①小規模の事業者または消費者の相互扶助を目的とすること、②任意に設立され、かつ、組合員が任意に加入し、または脱退することができること、③各組合員が平等の議決権を有すること、④組合員に対して利益配分を行う場合には、その限度が法律または定款に定められていることという 4 つの要件を備えていて、かつ、法律に基づいて設立された組合（組合の連合会を含みます）の行為です。

ただし、不公正な取引方法を用いる場合、または一定の取引分野における競争を実質的に制限することにより不当に対価を引き上げることとなる場合には、適用除外とはなりません。これまで、不公正な取引方法を用いる場合に当たるとして独禁法違反となった事件は多くありますが、もう1つの、不当に対価を引き上げることとなる場合に当たると認定されたものはありません。

　また、協同組合が他の協同組合や事業者と共同して価格や数量の制限等を行うこと（カルテルを行うこと）は、そもそも「組合の行為」（適用除外となる共同経済事業）とはいえないので、適用除外とはなりません。また、共同経済事業ではなくて、単に各組合員の事業での価格や手数料を引き上げることなどを組合で決定すること（要は、複数の事業者による価格カルテルと同じ）も、適用除外とはなりません。

（3）　適用除外その2──再販売価格維持契約

　次に、再販売価格維持契約についてです。

　「再販売価格」については第6回で説明しました（不安な人は、第6回の1（1）アとイあたりをみてください）。再販売価格維持契約というのは、商品の供給者がその商品の取引先である事業者に対して再販売価格を指示して、これを遵守させること（再販行為）を内容とする契約です。こうした再販行為は、同じく第6回でいいましたように、再販売価格の拘束（不公正な取引方法）に該当して原則として独禁法違反となりますが、指定再販商品と著作物を対象とするものは、独禁法の適用を除外されています。これを「再販適用除外制度」といいます。

　指定再販商品とは、品質が一様であることを容易に識別することができ、一般消費者により日常使用され、自由な競争が行われている商品から公正取引委員会が指定するものです。再販適用除外制度は昭和28年（1953年）の独禁法改正で導入されたもので、昭和28年（1953年）から昭和34年（1959年）の間に、化粧品、医薬品、家庭用石鹸・家庭用合成洗剤、キャラメル、カメラ、既成エリ付ワイシャツなど9品目が指定されましたが、最後まで残っていた1,050円以下の化粧品と一般医薬品の指定が平成9年（1997年）に取り消されて、現在、指定再販商品は存在しません。

著作物を対象とする適用除外は、「**著作物再販制度**」といいます。

この著作物再販制度は、昭和28年（1953年）の独禁法改正当時に、書籍、雑誌、新聞、レコード盤には定価販売の慣行があったのを追認する趣旨で導入されたものです。このため、この著作物再販制度の対象となる著作物は、書籍、雑誌、新聞、レコード、音楽用テープと音楽用 CD の 6 品目です。

これら 6 品目を発行・販売する事業者が相手方である販売業者と再販売価格維持契約を締結して、これを相手方に履行させることは、正当な行為として適用除外となります。ただ、これは、著作物については再販行為を行っても例外的に独禁法を適用しないということであって、**再販行為を行うことが義務付けられている訳ではありません。**たとえば、**出版社や新聞社が再販行為を行わなくても何ら問題はありません。**

一方、**消費生活協同組合法等の法律に基づいて設立された団体である協同組合等に対しては、再販指定商品や著作物であっても再販行為を行うことはできません。**第 6 回でもいいましたように、これによって、大学の生協の書店などでは本が安く売られているということです。

[図表 9 - 4] 著作物再販制度

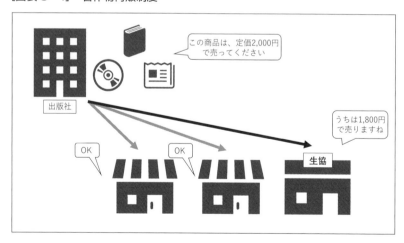

（4）　適用除外その３――知的財産権の行使行為

　次は、知的財産権の行使行為ですが、以前だけでなく今でも、知的財産法と独禁法は間逆な法律であると思っている人たちが多くいることと思われます。特許法などの知的財産法は独占を認める法律であって、独禁法は独占を禁止する法律なので、相対立するものなのでは、ということです。

　実は違うんですというお話をするのですが、そのために、**第１回の１**でお話しした自由経済社会の考え方から始めます。

　自由経済社会は、消費者は自らが必要とする商品・サービスを自由に選び、事業者は自由に創意工夫をして消費者に選ばれるよう競い合う（少数の優秀な人たちが考えたとおりに皆が動くよりも、数千人、数万人、数十万人、数百万人といった多数の人たちがそれぞれに次々とチャレンジをするほうがうまくいく）という「競争」に基づく仕組みですが、市場における競争（市場競争）は、自然に成立して、自動的に円滑に機能するわけではなくて、**「自由放任」ではうまくいきません**。競争の場である市場が円滑に機能するためには、独禁法だけではなく、安定した通貨制度や金融制度、度量衡の統一、民法や商法などのきちんとした民事法制度、裁判などの紛争処理制度、適切な労働法制や税制、安定した社会保障制度などのさまざまな制度や規制で支えていかなければなりません。

　ところで、経済活動にとって必要な要素は、土地と資本と労働といわれます。人が生産や販売をするときには、そのために必要なものをお金を払って入手して、それらを使って、商品を作ったり、販売したり、サービスを提供したりして、利益を得ていきます。こうした活動を円滑に進めていくためには、入手したものを排他的に使用することができることが必要です。そこで登場するのが「所有権」ですね。

　機械、トラック、店舗のような形のあるモノ（有体物）であれば、自分がそれを手に入れれば他の人がそれを使うことはできません。

　また、経済学で公共財という考え方があります。公共財とは非競合性と排除不可能性という性質のあるものをいいます。非競合性とは、ある人が消費したからといって他の人の消費機会が減るわけではないこと、排除不可能性とは、費用を負担しない人を排除するのが難しいことです。典型的

な公共財としては、国防（国の防衛）とか警察による治安維持などが挙げられます。

　一方、**知的財産権は無体財産権ともいわれますね。**知的財産とは、知的な創作活動に関する権利、営業上の信用に関する権利など、無体（形が無い）の財産的利益で、平たくいうと、「知識」に関する権利ということでしょうが、この「知識」は典型的な公共財の１つとしてよく挙げられるものです。知識には先ほどいった非競合性と排除不可能性の性質があります。ある知識をＡさんが利用したらそれが減ってしまうということはないし、いったん世の中に知られた知識が広まっていくのを防ぐのは極めて難しい。**したがって、何の工夫もしないと、この「知識」の所有者は、他の者から侵害されることなくそれ（知識という所有物）を自由に使用・収益・処分をすることはできません。**

[図表9‐5]　有体物の財産権と無体物の財産権（知的財産権）と権利侵害

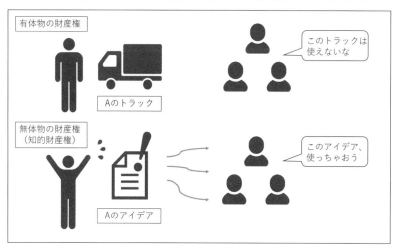

　そこで、**知的財産の成果を排他的に利用できることを認める権利である知的財産権を特許法などの法律によって保護します。**これによって、知的財産を有する人がそれを排他的に利用することができるようになって、知的財産の模倣やフリーライド（ただ乗り）が防止され、創造力を十分に発

揮するインセンティブが確保されます。その結果、事業者の創意工夫を発揮させて、競争を活性化させる効果が期待されます。

　このように知的財産権や知的財産法は、独禁法と同じく、自由経済社会の基盤である市場の円滑な機能を支えている制度や規制の1つであって、知的財産制度は、知的財産の排他的利用を権利として保障することによって、独禁法と共通の目的を果たそうとしているということになります。

　一方、独禁法は、著作権法、特許法、実用新案法、意匠法または商標法による権利の行使と認められる行為には独禁法を適用しないと規定しています。

　ただ、たった今いいましたように、知的財産法は独禁法と共通の目的を果たそうとしているものですので、この規定は、権利の行使とみられるような行為であっても、行為の目的、態様、競争に与える影響等を考えた上で、知的財産権制度の趣旨を逸脱し、または同制度の目的に反すると認められる場合には、その行為が「権利の行使と認められる行為」とは評価されず、独禁法が適用されることを確認する趣旨で設けられたものと理解されています（**第一興商事件**（審判審決平成21年2月16日））。

　つまり、知的財産法と独禁法の関係については、①まず、ある行為が**「外形上、権利の行使とみられる」かどうかを判断して、権利の行使とみられない場合は通常どおり独禁法の規定を適用**します。②その行為が**「権利の行使とみられる」場合であっても、公正かつ自由な競争の観点を踏まえた知的財産制度の趣旨・目的からみて実質的に権利の行使とは評価できない場合には、独禁法の規定を適用**します。ここで、実質的に権利の行使と評価できる場合＝「権利の行使と認められる」場合には、独禁法は適用されないことになります（独禁法適用除外）。そして、③最終的に、その行為が**独禁法の各規定の要件を満たすかどうかを検討**して、違法かどうかが判断されます。

　このように独禁法のこの規定は、知的財産法の権利行使と認められる場合には独禁法を適用しないということを確認的に規定したものにすぎませんので（確認規定）、ここで列挙されていない知的財産法についても同じ考え方が適用されます。

　①の「外形上、権利の行使とみられる」かどうかについてですが、特許

[図表9-6]　知的財産法と独禁法の関係

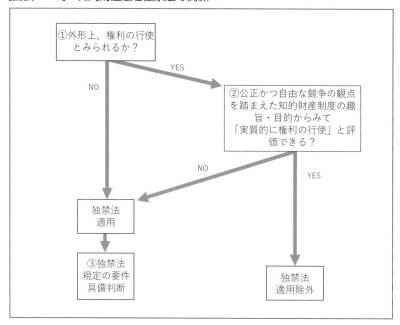

権者が特許発明の実施を許諾する契約（実施許諾契約）で許諾数量や実施料を定める場合や、知的財産侵害訴訟の提起や侵害を警告すること、ライセンス拒絶など、**本来的に知的財産権者が自由に決定し得る性質の事柄であれば、「権利の行使とみられる」**ことになります。一方、②の**「権利の行使と認められる」**かどうかについては、公正かつ自由な競争の観点を踏まえた知的財産制度の趣旨・目的からみて実質的に権利の行使といえるかどうかを評価する必要があります。

　たとえば、特許権等を持つ事業者がその支配的地位を背景にして許諾数量を制限することで市場で実質的に需給調整を行ったりしている場合には、その具体的な事情によっては、特許権等の不当な権利行使として、許諾数量制限が独禁法上問題となることがあり得るとの考え方が示された判決があります（**日之出水道機器数量・価格制限事件**（知財高裁判決平成18年7月20日））。

　また、5社それぞれが有する著作隣接権（著作物の公衆への伝達に重要な

役割を果たしている者（実演家、レコード製作者、放送事業者、有線放送事業者）に与えられる権利）に基づいて原盤権（マスター音源に関する権利）の利用許諾を拒絶する行為も、それが5社の間で連絡を取り合って共同で行われた場合には、それぞれが有する著作隣接権で保護される範囲を超えるものなので、著作権法による「権利の行使と認められる行為」には該当しないとした判決があります（**着うた事件**（東京高裁判決平成22年1月29日））。

　なお、共同行為のうち**ハードコア・カルテル**（価格カルテルなど）の手段として知的財産権が利用されている場合には、当然に（権利の行使とはいえないので）「権利の行使と認められる行為」には該当しないとして、**独禁法違反と認定されています**。もちろん、単独での行為であっても、排除する意図をもって公正な競争を阻害する取引妨害を行う場合には、独禁法適用除外とはなりません。

(5)　適用除外その4──個別法に基づく適用除外

　次に、個別法に基づく適用除外です。

　今回の冒頭で説明したように、保険業法、道路運送法、航空法、海上運送法等では、特定の事業者や特定の事業者団体の行為について、独禁法適用除外が定められています。これらでは、個々の適用除外ごとに一定の要件や手続の下で、特定のカルテルが例外的に許容されています。こうした**個別法に基づく適用除外カルテルでは、一般に、事業者等が主務大臣（主務官庁）に認可等の申請をすると、主務官庁は、公正取引委員会の同意を得たり、公正取引委員会に協議や通知をした後に認可をすることになっています**。また、こうした適用除外カルテルの認可については、一般に、その適用除外カルテルを達成するために必要であるといったこと（積極的要件）に加えて、そのカルテルが弊害をもたらさないようにするため、カルテルの目的を達成するために必要な限度を超えないことや、不当に差別的でないといったこと（消極的要件）も満たす必要があることが個別法で規定されています。さらに、不公正な取引方法に該当する行為が用いられた場合などには、独禁法の適用除外とはならないと規定されています。

　ところで、ここまで、個別法に基づく適用除外を「適用除外カルテル」といいましたが、(1)で紹介した地銀・バス特例法では、乗合バス事業

者等の共同経営（適用除外カルテル）に加えて、乗合バス事業者と地域銀行に関する合併等についての適用除外も設けられています。

2　行政指導と独禁法の関係

　行政指導とは、『広辞苑』（岩波書店）によれば「行政が、相手方の任意の協力を得て一定の行政目的を実現しようとする、法的拘束力を有しない事実作用。指示、助言、勧告、要望など」ですが、**こうした客観的な説明では想像できないほど、第二次世界大戦後の経済復興期以来、行政指導は、日本の経済・産業行政の重要な手段でした。**1950 年代には、鉄鋼などの重要産業の合理化、石油化学などの新規産業の育成や、不況期の需給調整として、操業短縮勧告、在庫凍結措置、設備抑制勧告などが行政指導で行われました。1960 年代には、企業間の大型合併を行政指導で促しましたし、1970 年代には、ガイドラインによる産業構造の転換誘導（「計画的市場経済方式」）も行われました。1980 年ごろには、戦後の日本経済の成功の要因として行政指導が高く評価されるようにもなり、エズラ・F・ヴォーゲル『ジャパン・アズ・ナンバーワン』（TBS ブリタニカ、1979 年）、チャーマーズ・ジョンソン『通産省と日本の奇跡』（TBS ブリタニカ、1982 年）などが出版され、たとえば、めまぐるしく情勢の変わる時代には、法律や慣例に従って行動するよりも、個人の感覚や状況の特殊性に応じて臨機応変に行動したほうがよいといったように行政指導がすぐれた政策実現手段として評価されました。1980 年代から 1990 年代にかけて、日米貿易摩擦という一連の問題が発生しましたが、1986 年に日米間で締結されて1991 年に改定された日米半導体協定でも、この協定を実行するための日本側の政策手段として行政指導が活用されています。

　一方、**行政指導については、さまざまな問題も指摘されてきました。**

　法的にみると、行政指導は、しっかりとした根拠を持って行われるものではないことも多く、また、そのやり方や手続も定まっておらず、行政指導の内容が文書で明確になっていないことがむしろ多かったのです。たと

え行政指導を受けた側に不服があっても、それを申し立てる手続がないとか、業所管官庁による融通無碍な行政指導が業界の協調行為を支えるものとなっていて、業界の安定や利益にはなっても消費者の利益は考慮されていないといったさまざまな問題が指摘されていました。**行政指導には、行政の適法性、公平性、予測可能性といった点から多くの議論がありました。**

　日米構造問題協議（**第11回**でも登場しますので、そこで説明します）の平成2年（1990年）6月28日の最終報告では、行政指導について、日本国政府は、行政指導の政府全体の包括的な原則として透明性と公正性を確保するため、行政指導の内容が市場閉鎖的でなくかつ公正な競争を阻害しないとの政府の意図と一致するようにすることを保証するとか、行政指導は可能な限り文書で行うといったことが書かれています。**日本の行政指導は、国際的な協議の対象となるほどのものだったわけです。**

　こうした中、行政手続法が平成6年（1994年）10月1日に施行されました。この法律では、①営業の許可などの申請に対して許可する／しないといった申請に対する処分、②許可を取り消したり、一定期間の営業停止を命じたりする不利益処分、③行政指導、④法令に違反する事実を是正するための処分等を求めるといった処分等の求め、⑤届出、⑥政令や省令などの命令等の案について広く国民から意見を募集する制度である意見公募手続（いわゆるパブリックコメントのこと）など、広く行政手続で守るべき共通のルールが定められています。

[図表9-7]　行政手続法で手続が定められている処分等

① 申請に対する処分	② 不利益処分
③ 行政指導	④ 処分等の求め
⑤ 届出	⑥ 意見公募手続等

　特に、行政指導については、この行政手続法によって初めて法的な位置づけが明確になりました。行政指導は、行政機関がその任務または所掌事務の範囲内において一定の行政目的を実現するため特定の者に一定の作為または不作為を求める指導、勧告、助言その他の行為であって処分（行政庁の処分その他公権力の行使に当たる行為）に該当しないものです。そして、

行政機関は①行政指導を行うに当たって、その相手方が行政指導に従わなかったことを理由として、不利益な取扱いをしてはならず、②相手方に対して、行政指導の趣旨、内容と責任者を明確に示さなければならず、③相手方から行政指導の趣旨、内容と責任者を記載した書面の交付を求められたときは、原則として、これを交付しなければなりません。

　行政指導は、さまざまな分野で多様な目的のために行われていますが、独禁法との関係で主として関心があるのは、事業者の参入・退出や、商品・役務（サービス）の価格、数量、設備等に直接または間接に影響を及ぼすような行政指導で、こうした行政指導は、その目的、内容、方法等によっては、公正かつ自由な競争を制限・阻害するとともに、独禁法違反行為を誘発する場合もあります。

　先ほどの『広辞苑』の説明にあったように、行政指導は「法的拘束力を有しない事実作用」ですので、**法的には、事業者や事業者団体は行政指導に従う必要はありません。したがって、事業者や事業者団体の行為が行政機関の行政指導により誘発されたものであっても独禁法が適用されます。つまり、その行為が独禁法に違反する場合に命令されるのは、行政指導に従った事業者や事業者団体ということになります。**

　公正取引委員会は、**行政指導ガイドライン**（「行政指導に関する独占禁止法上の考え方」）で行政指導と独禁法の関係を明らかにしています。

　まず、法令に助言・勧告・指示等の具体的な規定があって、これに基づいて行われる行政指導については、この規定に合致した目的・内容・方法等で行われて、相手方が個々に自主的に判断してこの行政指導に従う限り、行政指導の相手方の行為は独禁法上問題とはなりません。これは、まあ当然でしょう。命令・認可・勧告・指示等を発動することのできる実体要件が法令で規定されている場合に、その規定の発動の前段階や替わりとして行われる行政指導もこれと同じ考え方が適用されます。

　一方、**法令に具体的な規定がない行政指導**（目的・内容・方法等が法令の規定に合致しない行政指導や、各省庁の設置法の規定や一般的な監督権限のみを根拠とする行政指導も含まれます）の場合、**その目的・内容・方法等によっては、公正かつ自由な競争を制限・阻害するだけではなく、独禁法違反を誘発する場合もあります。**

　こうした法令に具体的な規定がない行政指導で、独禁法との関係で問題を生じさせる危険性があるのは、たとえば、①参入や価格等の許認可等の申請に当たって既存事業者等の同意や調整を指導することや、②価格の引上げの額や率等について目安となる具体的な数字を示して指導すること、③価格等に関する許認可等の申請について一括申請を指導したり、複数の事業者からの参入の申請がある場合に、申請事業者間や事業者団体等で調整するように指導することなどです。

[図表9-8]　問題となり得る行政指導

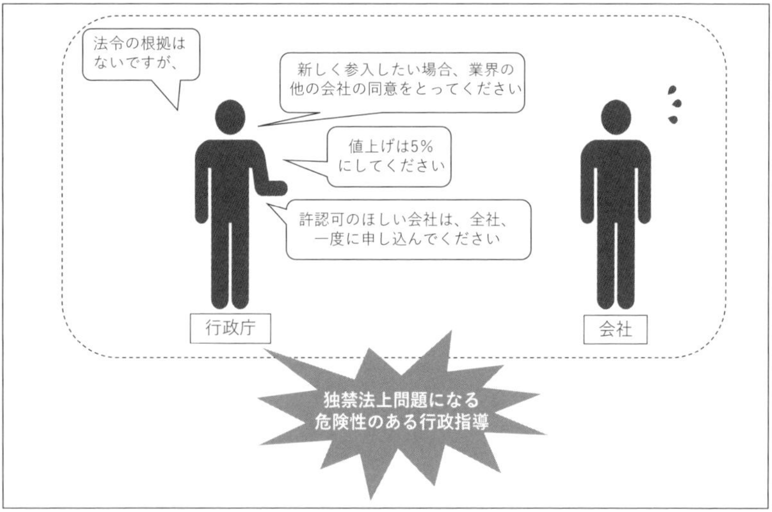

　石油価格協定刑事事件（最高裁判決昭和59年2月24日）では、通産省の石油製品価格に関する行政指導の適法性や行政指導に従った行為が独禁法に違反するかどうかが数多くある重要な争点の1つでした。①まず、法令の根拠がない行政指導の許される範囲については、石油業法に直接の根拠を持たない石油製品価格に関する行政指導を必要とする事情がある場合に、こうした事情に対処するために社会通念上相当だと認められる方法によって行われる行政指導は、「一般消費者の利益を確保するとともに、国民経済の民主的で健全な発達を促進する」という、独禁法の究極の目的に実質

的に抵触しない限り、違法とはいえない、そして、②適法な行政指導に従って行われた行為の違法性については、価格に関する事業者間の合意は、形式的に独禁法に違反するようにみえる場合であっても、適法な行政指導に従い、協力して行われたものであるときは、違法性が阻却される（退けられる）という考え方が最高裁によって示されました。ただし、この件では、事業者は、石油製品の値上げの上限に関する業界の希望案の合意に止まらず、この希望案で通産省の了解が得られることを前提にして、この限度一杯まで各社一斉に価格を引き上げる旨の合意をしていたので、最高裁はこうした行為は行政指導に従ってこれに協力して行われたものと評価することはできないと判断しました。

なお、この①と②に当たるとして違法性が阻却されると判断された判決はこれまでありません。

3　規制分野への独禁法の適用

今回の最後は、**規制分野への独禁法の適用**についてです。

（1）　社会的規制と経済的規制

一定の産業や事業者に対して設けられている公的な規制は、広範に存在しますが、これらの規制の目的は、一般的に、大きく2つに分けて理解されています。1つは、国民の健康・安全の確保、環境の保全等の社会的な目的によるもので、「**社会的規制**」と呼ばれています。もう1つは、市場メカニズムが有効に機能しないと考えられる商品・役務について、価格、参入・退出、合併、投資、財務などについて規制をして資源配分を適正化することなどを目的とするもので、「**経済的規制**」と呼ばれています。もちろん、ある規制が必ず社会的規制と経済的規制のどちらかに明確に分類できるというわけではなくて、両方の面を一定程度ずつ併せ持っている場合もありますが、社会的規制と経済的規制という整理は、公的な規制を理解する上で有益です。

　公正かつ自由な競争の促進を目的としている独禁法の観点から主として
関心があるのは、公的な規制によって事業者の事業活動が制限されること
で事業者間の競争に対して一定の制約を加える効果がある場合ですので、
一般的には、経済的規制のほうが競争上の問題を生じやすいと考えられま
す。しかし、社会的な目的に基づくとされている規制であっても、事業者
間の競争に対して一定の制約を加える効果があるということもあります。

（2）　個別事業法と独禁法の関係

　ところで、今回の1で、独禁法の適用除外を取り上げましたが、独禁
法であれ、個別法であれ、法律で適用除外が規定されている対象やその行
為には、独禁法は適用されませんが、**公的な規制が存在している産業や事
業者であっても、独禁法適用除外の規定がなければ、独禁法は適用されま
す**。たとえば、ある産業で、商品Ｘを製造・販売する場合には所管官庁に
販売価格と生産数量を届け出て許可を得なければならないと法律で定めら
れていても、その産業で事業者が価格カルテルをしたり、新規参入を妨害
したりしたら、それらの行為に対する独禁法適用除外の規定がなければ、
独禁法が直接に適用されます。つまり、公的規制がある分野であっても、
事業者や事業者団体が事業者間の競争を制限するような行為を行って、そ
うした行為に対して独禁法の適用を除外する規定がなければ（通常はあり
ませんが）、そうした行為は、当然ながら独禁法上問題となり得るという
ことです。

　一方、**公的規制があれば、事業者はその規制に従わなければなりません**
ので、その点で事業活動が制約されることになります。そうした公的規制
が緩和・廃止されると、その範囲で規制による事業者の行為への制約（競
争への制約）が解消されて、自由な競争が回復することになります。その
場合に、回復した競争の余地を事業者や事業者団体が制限するようなこと
があると、そうした行為は独禁法上問題となります。

　一定の産業や事業者を対象として特定の政策目的を実現するために制定
された法律を「事業法」とか「個別事業法」といいます。たとえば、電気
通信事業法、道路運送法、電力事業法、ガス事業法といった法律ですが、
こうした個別事業法と独禁法の関係については、これまでの判決や公正取

引委員会の運用からみると、次のように整理されます。

第一に、**個別事業法に独禁法からの明文の適用除外規定がなければ、独禁法の適用が排除されることはありません**（独禁法が問題なく適用されます）。

第二に、通常は独禁法違反となる事業者の行為について**個別事業法の規定が存在している場合には、その行為が独禁法違反かどうかを判断する上で、この規定に従うことが正当化事由となるかどうかという観点から考慮されます**。たとえば、商品Ａを販売する事業者はその価格について所管官庁の認可を得なければならず、かつ、それと異なる価格での販売を禁止するという個別事業法の規定が仮にあるとすると、商品Ａをこの価格で販売することが不当廉売（独禁法違反）になるかどうかを判断する上で、事業者がこの個別事業法の規定に従うことが正当化事由となるかどうかを考えるということです（正当化事由となるなら独禁法違反にはならず、正当化事由とならないなら独禁法の規定のみに基づいて不当廉売かどうかが判断されます）。

日本には、特定の産業分野などへの独禁法の適用を排除して特別の競争上のルールを定めている、いわゆる分野別競争法は存在しません。仮に、たとえば、電気通信事業法で、その対象となる事業者の行為には独禁法の適用を除外する規定があって、加えて、こうした事業者の競争制限行為を禁止する規定が同法に定められているとしたら、この電気通信事業法は分野別競争法ということになります。しかし、実際には、電気通信事業法には、独禁法の適用を除外する規定はありません。したがって、電気通信事業法の対象となる事業者の行為にも独禁法が適用されます。

（3） 独禁法上問題と競争政策上問題

「独禁法上問題」とか「競争政策上問題」といういい方をすることがありますが、ここでその意味を説明しておきましょう。

「独禁法上問題」というのは、事業者や事業者団体の行為が独禁法の規定に違反する、または違反するおそれがあるということを意味しています。この場合には、公正取引委員会は、独禁法を執行して、違反する行為を排除することで、公正かつ自由な競争の促進という独禁法の目的を達成しま

す。

　では、「競争政策上問題」の方はといいますと、たとえば、法令等に基づく規制によって、事業者等の市場における自由な競争が妨げられて、公正かつ自由な競争が成立する前提条件が満たされていない場合、別のいい方をすると、**公正な競争環境が整備されていない場合**、このような場合を「競争政策上問題」といいます。

　独禁法の適用対象は、事業者や事業者団体の行為ですので、こうした法令に基づく規制をしている行政庁に対して独禁法を適用することはできませんが、公正かつ自由な競争が損なわれることは望ましくありません。そこで、**国や地方等の規制や制度、施策等が競争促進的なものになることを目指して**、公正取引委員会は、関係行政機関からの相談に応じたり、各種の実態調査を行って、その結果に基づいて提言を行ったりといった活動を行っています。こうした活動のことを英語ではコンペティション・アドボカシー（competition advocacy）といいまして、アドボカシーを直訳すると「唱導」で、これを「唱導活動」といったりしますが、「唱導活動」というのは、いかにもこなれていない日本語訳なものの、まだ定訳がありません。私としては、消費者政策の分野で一般的に使われている「普及啓発」といういい方のほうがまだいいような気がしていて、**個人的には「競争政策の普及啓発活動」**とかいっていますが、独禁法・競争政策の世界では**一般的に、「競争政策の唱導活動」とか、単に「アドボカシー」**とかいわれています。

[図表9-9]　競争政策の普及啓発活動（アドボカシー）

公正取引委員会は、たとえば、各種の実態調査を行って、その結果に基づいて事業者の取引慣行に問題がある場合には、業界団体や事業者に対して独禁法・競争政策上の考え方を明らかにして要請等も行っています。それに加えて、市場の実態や競争状況の評価に基づいて、公正かつ自由な競争の促進、公正な競争環境の整備という観点から、法令等に基づく規制や制度によって競争上の問題が生じている、または生じる可能性があると考えられる場合には、報告書の形で独禁法・競争政策上の考え方を明らかにするとともに、所管省庁等に対して改善の提言等を行っています。

公正取引委員会がこうした、いわゆる政策提言などの「競争政策の普及啓発活動」を行う法的な根拠については、どう考えればいいでしょうか。

まず、省庁間の政策の調整などについては、公正取引委員会に限らず各省庁等は、その所掌事務の範囲で当然に行うことができるとも考えられます。公正取引委員会は、独禁法の目的を達成することを任務として、独禁法に規定されている所掌事務を司りますので、この範囲内で必要な政策の調整などは当然に行うことができるということです。

ただ、実は、より明確な規定が内閣府設置法にありまして（同様の規定が国家行政組織法にもあります）、各委員会と各庁の長官は、その機関の任務を遂行するため政策について行政機関相互の調整を図る必要があると認めるときは、その必要性を明らかにした上で、関係行政機関の長に対し、必要な資料の提出と説明を求めたり、関係行政機関の政策に関して意見を述べることができると定められています。公正取引委員会は、この規定にいう「委員会」ですので、公正取引委員会が行っている、いわゆる**政策提言などの競争政策の普及啓発活動は、独禁法に規定されている公正取引委員会の任務と所掌事務に基づいて、この内閣府設置法の規定を背景にして、または、これを根拠として行われているということになります。**

（4）　規制分野の独禁法違反事件の例

最後に、規制分野での独禁法違反事件をいくつか紹介しましょう。

ア　タクシー分野

まず、昭和56年4月1日の**新潟市ハイヤータクシー協会事件**と昭和57

年 12 月 17 日の**群馬県ハイヤー協会事件**です（いずれも勧告審決でした）。当時、タクシー事業を営む者は、タクシー運賃等の変更、増車、営業所の新設や位置の変更を行おうとする場合、道路運送法の規定に基づいて、権限のある行政庁の認可を受けなければならないといったように、広範に規制が及んでいました。しかし、行政庁に対する申請の内容を事業者団体で決めたり、共同で行うという規定はなく、また、独禁法の適用除外規定もありません。そうした中で、**認可申請すべきタクシー運賃等の額を団体で決定して、それに基づいて会員に申請させたり、事業計画変更の申請について協会の協議を経て、その可否を決定したりしていたことが、構成事業者の機能または活動を不当に制限する行為として、独禁法違反となったも**のです。

　新潟タクシーカルテル事件（東京高裁判決平成 28 年 9 月 2 日）は、自動認可運賃制度の下での価格カルテル事件です。タクシー運賃を設定・変更する場合には、道路運送法の規定に基づいて、国土交通大臣（地方運輸局長）の認可を受けなければなりません。自動認可運賃とは、個別事業者の審査を省略したとしても道路運送法に定める運賃の認可基準に適合すると合理的に推認しうるものとして、上限と下限の幅をあらかじめ設定しているものです。国土交通省地方運輸局長等がこのように一定の範囲で設定したタクシー運賃であれば、認可申請に当たって原価計算書類を提出する必要がありません。こうした中、**自動認可運賃の改定に際して、認可申請する運賃についてタクシー事業者 26 社が合意をしたというもの**です。この事件で、原告のタクシー事業者は、新潟運輸支局等から強い行政指導を受けて、強制されてやむを得ず本件合意を行ったなどと主張しましたが、判決では、新潟運輸支局等が行った行政指導の内容や 26 社の合意の内容からみて、**そもそも行政指導に従った行為とはいえない（ので独禁法違反）**との判断が示されました。

イ　電気通信分野

　電気通信や電力、ガス事業では、特に 1990 年代から規制緩和が進んで、新規参入が可能になりました。2000 年代に入って、既存の事業者が新規参入事業者に対して行った反競争的行為に独禁法が執行された事件がいろ

いろとありますが、その1つが **NTT東日本事件**（最高裁判決平成22年12月17日）です。

　この件は、NTT東日本が自ら光ファイバー通信サービスを提供するに当たって、他の電気通信事業者がNTT東日本に支払う接続料金を下回るユーザー料金を設定したことが私的独占に当たり独禁法違反となったものです。NTT東日本は、これは電気通信事業法に基づいて総務大臣の認可を受けた料金設定であって、これに独禁法を適用することは、2つの矛盾する規制を課すことになり許されないと主張しました。しかし、**最高裁は、総務大臣がNTT東日本に対して電気通信事業法に基づく変更認可命令や料金変更命令を出していなかったということは、本件のNTT東日本の行為が独禁法上適法なものであると判断していたことを示すものでないことは明らかなので、こうした命令を出していないということが本件行為の独禁法上の評価を左右することはないとの判断を示しました。**

●CONTENTS●

　では、**第10回**を始めましょう。これまでは、日本国内で行われた行為に独禁法を適用するという状況を暗黙の前提にしてお話をしてきました。今回は、**日本国外で行われた行為**、たとえば、日本企業Wと米国企業Xと欧州企業Yと韓国企業Zがニューヨークで話し合って日本向けの商品Aの輸出価格を合意したといった事件に独禁法を適用するといった状況についてお話しします。**日本国内での行為では考えなくてもよかったようなやり方や手段が登場します。**

1 独禁法の国際的な適用

　「域外適用」って聞いたことがありますか。「域外適用」というのは、国家が自国の領域外の行為・人・財産などに対して管轄権を行使することで、**競争法の「域外適用」ということですと、外国で行われる行為に自国の競争法を適用すること**です。ただ、この「域外適用」は、法律に書かれている言葉ではありません。そのせいか、報道などでもしばしば登場するものの、**必ずしもこうした正しい使い方がされていないこともよくあります。**以前は、たとえば、日本企業が欧州企業と一緒に欧州市場で行ったカルテルを EU 競争法違反として、EU の競争当局が日本企業に対して制裁金を課したりすると、それを「域外適用」といわれたりすることがしばしばありました。既にお分かりのとおり、欧州市場で日本企業が欧州企業とともに価格カルテルを行った場合に、EU がこれを調査して、EU 競争法違反を認定したら制裁金などの措置をとることは、日本市場で欧州企業が日本企業とともに価格カルテルを行ったら、公正取引委員会が調査の上、独禁法を適用して課徴金を課すことと同じで、ごく普通の法適用です。

　そうした間違った使われ方は、今では以前より減ってきましたが、こうした誤解が生じてはいけないということで、ここでは「域外適用」という用語は用いないようにして、**独禁法を日本国外での行為に適用することは、以下「独禁法の国際的な適用」と呼ぶこととします。**ニュースなどで「域外適用」という言葉をきいたりみたりしたら、どういう意味で使ってるんだろうと気をつけてよく考えてみましょう。

 # 2 管轄権

　1 で「管轄権」という言葉が出てきましたが、独禁法の国際的な適用に関連して登場する「管轄権」とは、**ある国の国内法を一定の範囲の人、財**

産、行為に対して具体的に適用する権限のことです。たとえば、外国に所在する事業者が国際的な価格引上げカルテルを日本国外で話し合って合意し、その結果、日本の輸入価格が上昇した場合に、この合意に対して日本の独禁法を適用して違反と認定することができるかということで、こうした意味での管轄権を「立法管轄権」とか「規律管轄権」といいます。一方、立入検査や報告命令など物理的な公権力の行使を行うことができるかという意味での「管轄権」は、「執行管轄権」といいます（これは、後で取り上げます）。

　独禁法を日本国内での行為に適用する場合とは違って、独禁法を日本国外での行為に適用する場合には、こうした「管轄権」をめぐって議論となることがあります。

[図表10-1]　管轄権

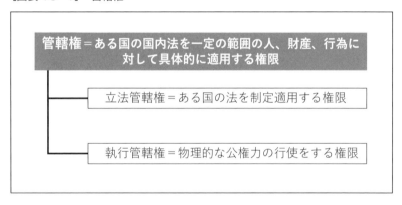

　管轄権については、属地主義が基本ですが、効果主義という考え方もあります。

　属地主義とは、自国法は自国内で行われた行為に適用されるという考え方です。効果主義とは、たとえば、カルテルの合意といった行為が国外で行われた場合であっても、カルテル合意に基づく価格の引上げといったその行為の結果（効果）が国内に及ぶ場合には自国法を適用できるとする考え方です。

[図表 10 - 2] 属地主義と効果主義

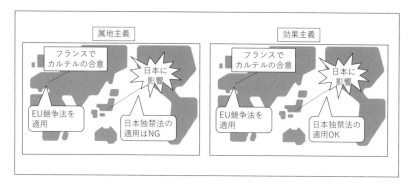

 ## 3 米国と欧州での考え方

　競争法の国際的な適用は、米国が以前から積極的に行ってきたことから、米国の当局の執行や米国の裁判所での判決が早くからありまして、1945年の**アルコア事件控訴審判決**で効果主義に基づく判決が出ています。そして、1982年の外国取引反トラスト改善法によって、直接の輸入取引に加えて、その他の外国取引を含む行為が、米国の国内取引か輸入取引に直接的、実質的で、かつ合理的に予見可能な効果を及ぼしたり、米国の輸出業者の輸出取引に同様の効果を及ぼす場合（かつ、それが反トラスト法上の問題である場合）には、米国反トラスト法（競争法）が適用されることが明らかにされました。さらに、1993年の**ハートフォード火災保険会社事件最高裁判決**で、米国最高裁でも効果主義の考え方が認められました。このように、**米国では、自国市場の競争を制限する行為に対しては、それが外国で行われたものであっても、米国反トラスト法が適用されるという効果主義の考え方**が定着しています。

　欧州では、1988年のウッドパルプ事件欧州裁判所判決で、外国で行われたカルテルがEU内で「実施」される場合にはEU競争法を適用できるという考え方が示されました。これは「客観的属地主義」とか「実施行為

理論」と呼ばれています。その後、1999 年のジェンコール事件欧州裁判所判決で、EU で即時的かつ実質的な効果を有することが予見可能な場合には、EU 競争法を適用できるとの考え方が示され、さらに、2014 年と 2017 年のインテル事件の判決で、**EU 競争法を適用するためには、属地主義と効果主義のいずれか一方を立証することで足りる**ということになりました。

このように、今では、米国と欧州の競争法の国際的な適用についての考え方に実質的な違いはなくなっているといえます。

 # 4　日本での考え方

日本の独禁法の国際的な適用に関する先例は、**ブラウン管カルテル事件**（最高裁判決平成 29 年 12 月 12 日）です。

これは、テレビ用ブラウン管の価格カルテルですが、ブラウン管というものを見たことがない人もいるかもしれません。今のテレビは液晶だったりして薄いですが、昔のテレビはブラウン管で映像が映されていて、テレビ全体が四角い箱のような形をしていたのです。

この事件でのテレビ用ブラウン管の製造販売業者は、日本、韓国、台湾、マレーシア、インドネシアとタイに所在する 11 社で、一方、日本のブラウン管テレビ製造販売業者は、東南アジアにブラウン管テレビの製造子会社等を有していて、このブラウン管テレビの実質的な製造拠点である現地子会社等に購入させるテレビ用ブラウン管の価格等を 11 社と交渉して決めていました。こうした状況の中で、11 社が日本のブラウン管テレビ製造販売業者の現地製造子会社等に購入させるテレビ用ブラウン管の販売価格の最低目標価格等を設定する合意をしていたというものです。

[図表 10 - 3]　ブラウン管カルテル事件の状況

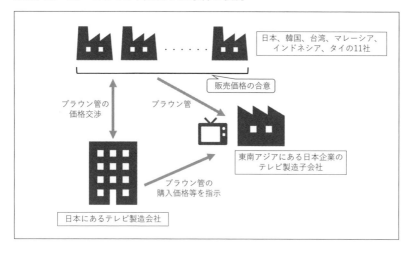

日本、韓国、台湾、マレーシア、インドネシア、タイの11社

販売価格の合意

ブラウン管の価格交渉

ブラウン管

ブラウン管の購入価格等を指示

東南アジアにある日本企業のテレビ製造子会社

日本にあるテレビ製造会社

　この最高裁判決で示された考え方は、①国外で合意されたカルテルであっても、それが日本の自由競争経済秩序を侵害する場合には、独禁法の排除措置命令と課徴金納付命令に関する規定の適用を認めていると解するのが適当であり、独禁法所定の要件を満たすときは、公正取引委員会は、そのカルテルを行った事業者等に対して、こうした命令を発することができる、②価格カルテル（不当な取引制限）が国外で合意されたものであっても、そのカルテルが日本に所在する者を取引の相手方とする競争を制限するものであるなど、価格カルテルにより競争機能が損なわれることとなる市場に日本が含まれる場合には、そのカルテルは、日本の自由競争経済秩序を侵害するものということができるというものです。

　これまでの事例やこの判決によれば、たとえば、**価格の引上げや市場分割の話合いと合意といった行為を行った地が日本国内であっても国外で**あっても、それによって、合意の対象である商品の日本国内での価格の引上げや、ある事業者が市場分割の合意に基づいて日本市場向けの販売を停止するといった**日本の市場における競争制限が生じて、独禁法に違反する**場合には、その行為に独禁法を適用することができる（立法管轄権はある）ということになります。

このように、日本と米国、欧州での独禁法（競争法）の国際的な適用についての考え方は、基本的には違いはないといえるでしょう。

 # 5　執行管轄権

　日本国外での行為に対して独禁法を適用できる（立法管轄権はある）としても、**日本国外に所在していて、日本国内に支店、営業所、事業所などの拠点（連結点）を有しない事業者に対して、公正取引委員会が立入検査などの強制調査等を行うことはできません。**執行管轄権はないということです。ある事業者が独禁法に違反する行為を行っている事実を認定したら、排除措置命令などの文書をその事業者に送達しないといけませんが、これをするためには、日本国内に所在する事業者に対する文書の送達とは異なる手続が必要になります。

　日本国内に所在しない者（在外者）への書類の送達については、①外国企業であっても、日本国内に支店、営業所、事業所等の拠点を有している場合には、公正取引委員会は、こうした拠点に排除措置命令等の書類を有効に送達することができます、②日本国内にこうした拠点を有しない外国企業であっても、この外国企業が日本国内で文書受領権限を有する代理人（通常は弁護士）を選任すれば、公正取引委員会は、この代理人に書類を送達することができます。

　第7回で私的独占の事件例として紹介した**ノーディオン事件**（勧告審決平成10年9月3日）では、ノーディオン社は、日本に支店、営業所等の拠点は有していませんでしたが、日本での代理人弁護士に公正取引委員会からの文書の受領権限を含めて委任しましたので、公正取引委員会は、この代理人弁護士に書類を送達しました。独禁法で問題となる事業者は、一般的に、日本国内で一定の営業を行っているそれなりの企業ですので、独禁法に違反する疑いで調査を受けながら手続のみで逃げようとするということは通常ありません。したがって、これまでの事例では、ほとんどの場合、①か②の方法で書類の送達が行われています。

一方、日本国外に所在していて、かつ、日本国内に拠点がなくて、さらに、文書受領権限を有する代理人を選任しないので送達場所がないという事業者の場合、公正取引委員会からこの事業者が所在する国に直接に排除措置命令等の文書を送達することは、無条件にできるわけではありません。書類の送達がその相手方に対して、たとえば、金銭の支払義務とか出頭義務などの命令的、強制的効果を発生させる場合には、こうした送達は公権力の行使に当たるので、他国の同意なしにこれを行うことは主権侵害の問題を生じさせるため国際法上認められないと考えられているためです。

　独禁法には、民事訴訟法の規定を準用して、日本国外に所在していて日本国内に送達場所がない事業者に対する排除措置命令等の文書の送達についての規定が置かれていています。実際に行われているのは、「**領事送達**」と「**公示送達**」です。

　「**領事送達**」とは、外務省を窓口として、在外の日本国大使館・領事館等を通じて、外国事業者の所在する国の外務当局に対して、外国事業者に対する送達を行うことについて応諾を求めて、応諾が得られた場合には、通常、外務省を通じて、在外の日本国大使館・領事館等に対して、外国事業者に対する送達を嘱託するという方法です。

　こうした領事送達によっても送達をすることができない場合には、公示送達をすることができます。

　「**公示送達**」は、外国においてすべき送達について、領事送達等をすることができない場合等に最後の手段として許されるもので、独禁法の場合、送達すべき書類を送達を受けるべき者にいつでも交付するということを霞ヶ関にある公正取引委員会の掲示板に掲示することで行います。この公示送達の効力は、掲示を始めた日から6週間を経過することで発生します。

　公正取引委員会が外国事業者に対して公示送達を行った最初の事例は、平成20年（2008年）のBHPビリトンに対するものです。このときは、報告命令書を送達するために、領事送達の手続をとり、オーストラリア政府の了解を得て、在メルボルン日本国総領事館が領事送達を試みました。また、同じくオーストラリア政府の了解を得て、郵送による書類の送付も試みました。しかし、BHPビリトンが受領を拒否したため、公示送達の手続がとられました。

　また、4でいいました**ブラウン管カルテル事件**では、サムスンSDIと
サムスンSDIマレーシアが、命令が出る直前になって日本国内のすべて
の代理人を解任したので、排除措置命令書と課徴金納付命令書を国内の代
理人に対して送達することができなくなりました。そこで、これらについ
て領事送達を試みましたが、これによっても送達することができなかった
ため、公示送達が行われました。

[図表10-4]　領事送達と公示送達

6　外国競争当局との情報交換

　外国競争当局との協力のために必要となる情報提供については、**国家公**
務員法と独禁法で規定されている守秘義務に反しない範囲で行うことがで
きます。独禁法には、外国競争当局に対する情報提供に関する根拠規定が
ありますが、これによって、国家公務員法と独禁法で禁止されている情報
が提供できるようになるわけではありません。この根拠規定では、相互主
義（公正取引委員会が提供する情報に相当する情報を、相手方の外国競争当局
も公正取引委員会に提供できること）とか、相手国が日本と同程度の秘密保

持義務を有していることとか、刑事手続に使用されないよう適切な措置がとられなければならないことといった情報提供にあたっての条件などが規定されています。

　公正取引委員会と外国競争当局の間での情報交換等の協力に関しては、**二国間の独禁協力協定や経済連携協定（競争章）**、そして、**競争当局間の協力に関する覚書・取決めが数多く結ばれています**。1999 年の日米独禁協力協定が最初で、ここでは、通報、執行協力、執行調整、積極礼譲、消極礼譲などが定められています。

 # 7　刑罰規定の国際的な適用

　独禁法違反行為は刑事罰の対象にもなりますが、刑法では、**刑法は日本国内において罪を犯したすべての者に適用する**と規定されていて、日本の領域における犯罪事実に適用されるという属地主義が採用されています。そして、これは他の法令の罪についても適用すると規定されていますので、独禁法の刑罰法規の国際的な適用についても、この属地主義の考え方が適用されます。ただ、属地主義による処罰の範囲については、どのような場合に「日本国内において罪を犯した」といえるか（「犯罪地」をどのように理解するか）によることになりますが、一般的には「犯罪地が国内である」といえるためには、構成要件に該当する行為と結果の一部（構成要件該当事実の一部）が国内で生じていれば足りると理解されています。そうすると、ここでいう属地主義は、3 の欧州での考え方のところで出てきた「実施行為理論」と似ているような気がしませんか。ただ、**刑事罰の場合は、行政処分に比べて立証水準が高いですから、立法管轄権の点で刑事罰の場合と行政処分の場合で大きな差がなくても、実際上、行政処分の対象となってきたような事件について同じように刑事罰を科すことができるとは限りません**。

8 国際捜査共助

　外国の刑事事件の捜査に必要な証拠の提供などで外国から協力を求められた場合に、日本からの提供とそのための証拠の収集については、**国際捜査共助等に関する法律**に定められている要件と手続に基づいて行われます。外国の要請によってその外国の刑事事件の捜査に必要な証拠の提供をすることを「共助」といいます。この共助の手続は、外務省の外交ルートや法務省・検察庁、警察等で行われます。また、日米刑事共助条約（2006年）のような刑事共助条約・協定を締結している場合には、捜査共助は、こうした条約・協定に基づいて行われます。これまでに、反トラスト法違反の疑いで米国から日本に共助の要請があって検察庁等が捜査を行ったという事例が報道されたことがあります。

 # 9 犯罪人引渡し

　外国からの逃亡犯罪人の引渡しの請求があった場合、**日本は、逃亡犯罪人引渡法で定められている要件と手続に基づいて、相互主義の保障の下で、その請求に応じることができます。**また、日本は、米国、韓国との間で犯罪人引渡条約を締結しています。日米犯罪人引渡条約（1980年）では、反トラスト法や独禁法違反の罪も犯罪人引渡しの対象です。これまでに、独禁法違反行為に関して犯罪人引渡しが問題となったことはありませんが、**マリンホースカルテル事件**（日本では平成20年（2008年）2月20日に排除措置命令と課徴金納付命令が行われました）で米国が措置をとっていまして、反トラスト法違反の容疑者であるイタリア人がドイツから米国に引き渡されました。これが反トラスト法違反で米国に引渡しが行われた初めての事案です。

10 競争当局間の国際的な協力

競争当局間の国際的な協力を進めていくため、OECD（経済協力開発機構）やICN（国際競争ネットワーク）などでさまざまな活動が行われています。

OECDには「競争委員会」が置かれていて、年に2回、加盟国の競争当局から関係者が集まって、競争法をめぐるさまざまな論点について議論を行うとともに、ハードコア・カルテルに関する効果的な措置（1998年、2019年改定）、競争法の審査及び手続に関する国際協力（2014年）などの理事会勧告が出されています。

ICNは、競争法の執行における手続面や実体面での収斂を促進することを目的としています。2020年6月現在で、129か国・地域の140の競争当局が参加していて、**競争法の分野では最大の国際組織です**。競争当局関係者だけでなく、弁護士、学者、国際機関等の非政府アドバイザー（NGA）と呼ばれる人たちも参加していて、年に1回、年次総会を開催するほか、カルテル、企業結合、単独行為などのテーマごとに作業部会が設けられて、ここで検討・議論が行われています。また、テーマごとのワークショップも開催されています。たとえば、2008年には、京都でICN（国際競争ネットワーク）年次総会、2018年には、東京でICN企業結合ワークショップが開催されました。2001年の発足以来、さまざまな成果物を生み出しているほか、競争関係者間の人間関係、信頼関係の醸成にも大いに効果を上げています。

また、二国間での競争当局の意見交換も盛んに行われていて、たとえば、公正取引委員会では、米国の司法省と連邦取引委員会（日米の競争当局間の意見交換は、1977年から続いていて、日本だけでなく米国にとっても、最も長く続いている二国間の競争当局の定期協議です）、EUの競争総局、韓国の公正取引委員会とは以前から定期的に、また、中国の競争当局とも最近では毎年、意見交換が行われています。

具体的な事件でも、競争当局間で端緒段階で情報を共有して調整を行い、

同時期に審査を開始するということもしばしば行われています。さらに、企業結合事案では、今では、必要な場合には、米国やEU、韓国など関係する国・地域の競争当局と意見交換をしつつ審査を進めることが「日常的」といえるほどになっています。

第**11**回

公正取引委員会とは、
そして最後に独禁法の歴史を
ちょっと

●CONTENTS●

1　公正取引委員会の組織とその特徴
2　独禁法の歴史

前回までで独禁法の中身について一通り学び終えた（身についた？）ということですので、今回は、これまで何度も出てきた「『公正取引委員会』って何？」、そして、同じく何度も何度も目にしながら中身を学び終えた「独禁法」が昭和22年（1947年）に制定されて以来今までの流れをざっと振り返ってみましょう。

 ## 1　公正取引委員会の組織とその特徴

（1）　組織

ここまでも何度かお話ししましたが、独禁法が昭和22年（1947年）に施行されたのと同時に、**独禁法を運用する行政機関として公正取引委員会が誕生しました**。

日本の国の役所というと、○○省とか○○庁とかをまず思い浮かべると思いますが、日本の国家行政組織には、府と省があって、その下に外局として庁や委員会が置かれています。府や省には、設置法（○○省設置法）という法律があって、そこでその府省の任務や所掌事務、内部組織などが

規定されています。

　公正取引委員会は、内閣府の外局として置かれた委員会（行政委員会）です。内閣府の場合は、内閣府設置法という法律があって、そこで、内閣府に置かれている庁と委員会は、公正取引委員会と国家公安委員会、個人情報保護委員会、カジノ管理委員会、金融庁、消費者庁と規定されています。

[図表11-1]　内閣府組織の概略

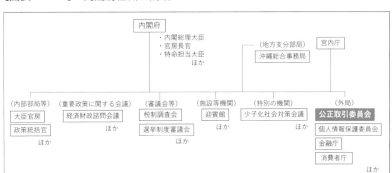

　では、**公正取引委員会の任務、所掌事務や組織は何で規定されているのかというと、独禁法で規定されています**。公正取引委員会の任務は、独禁法の目的を達成することでして、まさに独禁法を運用するために設置された行政機関ですので、これは、独禁法と公正取引委員会の関係性の深さを示すものといえるでしょう。

　公正取引委員会は内閣府に置かれた外局で、内閣府の長は内閣総理大臣ですが、**公正取引委員会の委員長と委員は独立して職権を行使します**。これを「職権行使の独立性」といいます（独禁法にそう規定されています）。つまり、公正取引委員会は、その具体的な職務に関しては内閣総理大臣からの指揮監督は受けません。

　私の場合、勤務先は公正取引委員会です、といういい方を日常的にはしますが、正確には、公正取引委員会は委員長と委員4人の5人で、私が属しているのは、その下の事務総局です。委員長と委員は、両議院（衆議院

と参議院）の同意を得て、内閣総理大臣が任命します。委員長は、さらに天皇が認証します。

委員長と委員の任期は5年で、年齢が70歳に達したときは、その職を退きます。最近ですと、公正取引委員会の杉本委員長は、令和2年9月に70歳になったところで退任されて、同年の通常国会で同意を得ていた古谷新委員長が就任されました。

公正取引委員会が議事を開いて議決するためには、委員長と2人以上の委員の出席が必要です。委員長に故障がある場合に委員長を代理する者は、あらかじめ決めています。そこで、委員長または委員が2人欠けても法的には大丈夫ということになりますが、実際にそうなった場合には、やはり実際上の支障はいろいろあります（そのあたりのことは、2012年から2013年にかけて委員長が不在で委員長代理委員と委員2人の3人の委員会だったころについてのあれこれが、（当時、正に委員だった）幕田英雄「公取委ありのまま（第4回）委員会④　委員長」（NBL2019年12月1日号）に書かれています）。

[図表11-2]　公正取引委員会組織の概略

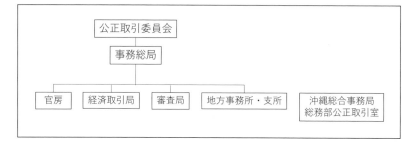

（2）　独立性

公正取引委員会は、合議制の行政機関です。 合議体の組織形態にしているということは、それぞれの構成員が自己の意見を自由に述べて相互に議論をすることを通じて適切な結論を見出そうとしているということです。したがって、各構成員があらかじめ他の者から拘束を受けるということは、そもそも合議体の本質とは相容れないわけです。**独禁法で職権行使の独立性が規定されています**が、この職権行使の独立性は公正取引委員会の職務

の特質に由来するもので、独禁法の規定は、そのことを確認的に規定したものです。つまり、**この規定がなかったとしても公正取引委員会は当然に独立して職権を行使することになります**が、誤解があったり理解されなかったりしてはいけないので、明示的に規定しているということになります。

　この職権行使の独立性に関しては、参議院本会議での内閣法制局答弁があります。これは、昭和52年（1977年）に成立した独禁法強化改正の法案が議論されている中で、どちらかというと独禁法強化に反対する立場からでしょう、行政に属する公正取引委員会が独立して職権を行使することは、憲法で「行政権は、内閣に属する」「内閣は、行政権の行使について、国会に対し連帯して責任を負う」と規定されていることに反して違憲であるといった主張がありました。そして、実際に、与党の自民党の議員から参議院本会議で質問があったので、内閣法制局長官が答弁をしたものです。

　どういう答弁だったかというと、①**公正取引委員会の行うべき職務は専門的分野に属していて、しかも、公正かつ中立に行うことを要するものなので、政治的な配慮に左右されるべきものではない**、②**独禁法が公正取引委員会の職権行使の独立性を規定しているのは、公正取引委員会の職務のこのような性質によるものである**、③**独禁法の規定は、公正取引委員会の職務の本質に内在するものである**、ということです。

　公正取引委員会違憲論に基づく質問が議員からあった（ある意味）「おかげ」で、公正取引委員会の職権行使の独立性の意味と、公正取引委員会が職権を独立して行使することは憲法に反しない（違憲ではない）ということが、政府の答弁として明確になったともいえるでしょう。

　この職権行使の独立性は、委員長と委員は任命者である内閣総理大臣から独立しているということを意味しますが、当然ながら、他のいかなる人からも独立していることを意味しています。したがって、個々の委員長と委員の委員会の中での独立性も意味しています。つまり、たとえば、**委員会での議決に当たって、委員が委員長の指揮を受けて意に反する意見を強いられるということはない**ということです。

　職権行使の独立性が保障されている職務というのは、独禁法その他の法律で認められた公正取引委員会の具体的な職務です。つまり、独禁法違反

事件や企業結合事案の審査に関する事務、事業活動等の実態調査等に関する事務、ガイドラインの作成などの独禁法の解釈に関する事務のほか、たとえば、事前相談等の事務は独禁法に違反するかどうかを判断するものなので、この具体的職務に含まれます。一方で、公正取引委員会がなんでもかんでも独立して行えるわけではなくて、法律・政令・内閣府令の制定・改廃に関する事務、予算その他の会計事務、承認人事等の人事行政事務など、**およそ行政機関において一般的に行われる事務には職権行使の独立性は及びません。**

この職権行使の独立性に関連して、委員長・委員の身分保障や報酬保障、排除措置命令等については合議によらなければならないということ、公正取引委員会の合議は公開しないこと、排除措置命令等に係る抗告訴訟において法務大臣の指揮を受けないことなどが独禁法に規定されています。

これらのうち、最後の「**排除措置命令等に係る抗告訴訟において法務大臣の指揮を受けないこと**」についていうと、たとえば、行政庁の処分や裁決に関する国を被告とする訴訟やその行政庁を当事者や参加人とする訴訟では、通常、行政庁は法務省に相談して、法務省の職員とその行政庁の職員が一緒になって訴訟を行います。「国の利害に関係のある訴訟についての法務大臣の権限等に関する法律」でも、国の利害に関係のある訴訟での法務大臣等の関与が定められています。一方、公正取引委員会が当事者となる訴訟、たとえば、公正取引委員会が出した排除措置命令の取消訴訟で法務大臣の指揮を受けるということになると、公正取引委員会の職権行使の独立性に反することになります。このため、**公正取引委員会の場合は、他省庁とは違って、訴訟追行についても法務大臣の指揮を受けることなく、**たとえば、**排除措置命令の取消訴訟では公正取引委員会自身が被告となって自主的な判断に基づいて訴訟を行います。**

また、公正取引委員会に職権行使の独立性が認められていることを受けて、**委員長と委員、事務総局職員の公正性、中立性が一般の公務員以上に求められることになります。**そこで、事件に関する事実の有無や法令の適用についての意見の外部発表の禁止や、その職務に関して知得した事業者の秘密を他に漏らしたり、窃用することの禁止（秘密保持義務）が**国家公務員法の秘密を守る義務の規定に加えて独禁法でも規定されています。**

この漏らしたり窃用することが禁止されている「事業者の秘密」が何かということについては判決があって、これによれば、事業者の秘密とは「非公知の事実であって、事業者が秘匿を望み、客観的に見てもそれを秘匿することにつき合理的な理由があると認められるもの」です（**エポキシ樹脂事件**（東京地裁判決昭和 53 年 7 月 28 日））。

2　独禁法の歴史

では、全 11 回の最後に独禁法のこれまでの歩みをざっと追ってみましょう。

（1）　制定

これまでも何度も出てきましたが、日本の独禁法は、昭和 22 年（1947 年）に制定・施行されました。

1947 年という時期は、日本は、米国を中心とする連合国の占領下にあった頃で、当時、競争法というものがあったのは米国とカナダだけで、かつ、日本を占領した連合国の中心は米国でしたので、**独禁法は米国反トラスト法の強い影響を受けて制定されました**。

ニューディール政策という言葉を聞いたことがあるかと思いますが、1929 年に始まった大恐慌（世界恐慌）への対策として、アメリカのフランクリン・ルーズベルト大統領（最近の中学校・高校では「ローズベルト」というようですが）がとった政策で、1938 年に、ルーズベルト大統領は議会に反独占メッセージを送り、これに基づいて設置された臨時全国経済調査会は反トラスト法の強化案も提示していましたが、米国が第二次世界大戦に参加して実現には至りませんでした。こうしたニューディール政策を経験した人たちをニューディーラーといいまして、こうしたニューディーラーが連合国総司令部の中には相当にいて、ある意味、米国で実現できなかった米国競争法である反トラスト法の（彼ら彼女らの考える）理想を日本の独禁法で実現しようとしたともいわれています。このため、制定当初

の独禁法（これは「原始独禁法」と呼ばれています）には、①事業能力の格差に基づく分割命令、②一定の類型の共同行為の全面禁止、③事業会社による株式保有の原則禁止、④合併の認可制といった、当時の米国反トラスト法にも今日の（包括的）競争法にもみられないような規定が含まれていました。

占領下の日本では、財閥解体や過度経済力集中排除、農地解放といった日本経済の民主化政策が進められました。この日本経済の民主化政策の結果生まれた**民主的かつ非集中的な経済システムを維持するという役割が独禁法には期待されていて、独禁法は活発に執行されました。**

(2) 逆風

一方、経済界などには、独禁法は連合国の占領政策として米国から押付けられたものという認識が強くありました。日本は昭和 26 年（1951 年）に独立を回復しましたが、このときでも、欧州にはまだ競争法はなく（西ドイツと欧州経済共同体で競争法ができたのは 1957 年）、**競争法があるのは北米だけでしたし、**原始独禁法には、先ほどいいましたように、今日、包括的競争法といわれているものにも含まれていない規定もありましたので、そう認識されても仕方ない面も今から考えればあったかとも思います。

そして、昭和 28 年（1953 年）に独禁法が大幅に改正されて、先ほど今日の競争法にもみられない規定といった 4 つの規定がなくなり、**不況カルテル、合理化カルテル、再販売価格維持制度などの適用除外規定が新設されました。**

1960 年代は、日本経済にとって高度経済成長の時代でした。こうした高度経済成長のひずみともいうべき問題であるインフレ問題や中小企業問題、消費者問題が生じてきて、これらに対する取組みが公正取引委員会には求められるようになりました。たとえば、消費財分野でのカルテルの取り締まりや再販売価格維持行為に対する規制を強化すること（物価対策の一環として）、また、公正な下請取引を実現するため、独禁法による優越的地位の濫用規制の特別法として**下請法が昭和 31 年（1956 年）に制定**され、さらに、過大な景品提供や不当な表示を禁止する**景品表示法が昭和 37 年（1962 年）に制定**され、公正取引委員会がこれらの法律の執行を

担当しました。

　一方、当時は、日本企業はまだまだ弱いので、貿易や資本の自由化が進むと欧米先進国の大企業にやられてしまうから、産業再編成によって日本経済の国際競争力を強化すること、つまり、日本企業を合併させて欧米先進国の大企業（外資）に負けないような大企業を作っていくことが必要だといったことが強く主張されていました。**経済力の集中や産業の寡占化を政策的に進めるという産業政策的観点が優先されていて、企業結合規制など競争政策全体に対しては、いわゆる「柔軟な対応」が当時はまだ強く求められていました。**

（3）　転機、そして再度の逆風

　こうして、大型合併が続く中で、当時の代表的な大型合併が鉄鋼業界で1位と2位の会社である**八幡製鐵と富士製鐵の合併計画**でしたが、**公正取引委員会がこれに異議を唱え、昭和44年（1969年）の同意審決で一定の条件付き（一定の問題解消措置を採ること）で決着しました。**今ですと、個別の企業結合事案について、公正取引委員会の審査を待たずに、または公正取引委員会の審査結果を待たなければならないといった留保をせずに、政府や関係省庁などが公然と、賛成であるとか推進すべきといった意見を表明するということは極めて珍しいことですが、この当時は、学者グループや消費者団体などのごく一部を除き、合併を進めるべき、この合併に賛成という意見が多方面から強く表明されていました。そうした中、公正取引委員会が審査・審判と独禁法の規定に基づく手続を進め、合併の成立まで約1年半の期間を要したことで、独禁法の存在とその重要性を一般に認識させることになったという意味で、**日本の競争政策の転機をもたらした事案と評価されています。**

　1970年代に入り、昭和48年（1973年）の石油危機勃発によって日本の高度経済成長期は終わり、また、物価の異常な高騰（狂乱物価）が続きました。こうした中、いわゆる便乗値上げの背後に多数のカルテルが行われていて、公正取引委員会は数多くの違法なカルテルを摘発しました。代表的な事件は、昭和49年（1974年）に公正取引委員会が検事総長に告発した石油元売業者の価格協定事件と石油連盟の生産調整事件です。石油元売

業者の価格協定事件は、**石油価格協定刑事事件**（最高裁判決昭和59年2月24日）につながった事件です。

　当時、違法なカルテルに対する措置（サンクション）は、排除措置を命じる行政処分（勧告審決等の審決。現在の排除措置命令）と刑事罰でしたが、告発されて刑事罰に至ったのは石油価格協定事件のみでした。**実際上は、違法なカルテルが摘発されても止めさえすればよかったことから、何度もカルテルが繰り返されるという状況にありました。**このため、カルテル規制の実効性を強化することなどを目的として、昭和52年（1977年）に**独禁法の強化改正（強化改正は昭和22年の独禁法制定以来初めて）が実現し**ました。今日、カルテル規制の主要な手段となっている課徴金制度は、この改正で導入されました。

　1980年代に入ると、第二次石油危機後の不況という状況の中、経済界などから独禁法の緩和改正を求める動きが再び強くなりました。私が公正取引委員会に入ったのは、「ごあいさつ」で申しましたとおり昭和58年（1983年）ですが、このときの公正取引委員会の最大の課題の1つが、独禁法や公正取引委員会は要らないとか、極めて大幅な緩和改正をすべきといっている経済界などにどう対応するかということであったことや、その前の年に公務員試験を受けて官庁訪問をしていたときに、通産省の課長補佐か係長くらいの人が、独禁法はあってもいいが公正取引委員会は要らないといっていたことを覚えています。当時は、そのような雰囲気だったということです。

(4) 強化

　しかし、1980年代の後半になると、特に**米国との間で貿易摩擦が激し**くなって、平成元年（1989年）から日米構造問題協議（SII）（日米間の貿易不均衡の是正を目的として、1989年から1990年までの間に開催された二国間協議。日本の独禁法・競争政策の1つの転機となったもの）が始まり、**米国は日本市場の閉鎖性を批判して、その解決策として独禁法の制度面と運用面での強化を求めました。**また、1985年を境に日本は真の先進国になったという説もありますが、日本の国内的にも、そのように先進国となった日本の経済力に見合った生活の向上が実現されていないのではないか、**生産者**

重視から消費者重視へ政策転換すべきといったことがいわれるようになりました。こうした中で、1990年代に入って、独禁法の強化改正と運用の強化、そして、独禁法を運用・執行する公正取引委員会の組織強化が進められました。

平成2年（1990年）6月には告発方針（独占禁止法違反行為に対する刑事告発に関する公正取引委員会の方針）が公表されて、**積極的に刑事処罰を求めて告発を行う方針**であることが明らかにされました。先ほどお話した石油業界の価格協定以降それまで、公正取引委員会が検事総長に告発したことはありませんでしたが、これ以降今日まで、ほぼ1〜2年に1件ほどの告発が行われています。

また、平成3年（1991年）には課徴金の算定率を原則1.5％から6％に引き上げることなど**課徴金制度を強化する独禁法の改正**、平成4年（1992年）には**カルテル等の独禁法違反に関する法人に対する罰金の上限額を500万円**（個人に対する罰金と同じ）**から1億円に引き上げる独禁法改正**、平成12年（2000年）には**不公正な取引方法に対する差止請求制度の導入**等の民事的救済制度の整備を内容とする独禁法の改正と、立て続けに独禁法強化のための改正が行われました。

独禁法適用除外についても、**第9回**でいいましたように、平成9年（1997年）、平成11年（1999年）と廃止などが行われ、大幅に縮減されました。また、公正取引委員会の定員が審査部門を中心に大幅に増加し、平成8年（1996年）には事務局から事務総局体制になるなど組織も強化されてきました。

2000年代以降今世紀に入っても、大きな独禁法の改正・強化が続いています。

平成17年（2005年）の改正では、**課徴金算定率を大幅に引き上げる**とともに、**課徴金の対象範囲を拡大**し、また、**課徴金減免制度が導入**され、**犯則調査権限が導入される**など、今日につながる重要な改正が行われました。

平成21年（2009年）の改正では、排除型私的独占や一部の不公正な取引方法を課徴金の対象とするなど**課徴金の適用範囲を拡大**し、また、それまで事後届出だった株式取得を事前届出にするなどの企業結合規制の見直

しなどが行われました。

　平成 25 年（2013 年）の改正では、独禁法違反被疑事件の手続について、**審判制度が廃止されて、公正取引委員会の排除措置命令や課徴金納付命令への取消訴訟は、抗告訴訟（取消訴訟）として東京地裁で審理するという**今日の手続に変わりました。

　また、TPP 協定整備法により導入された**確約手続が平成 30 年（2018 年）12 月 30 日に施行**されました。第 4 回でいいましたように、確約手続認定で終了した事件はいくつも登場していて、実務的にも確約手続は定着しつつあります。

　そして、令和元年（2019 年）の改正（令和 2 年（2020 年）12 月 25 日に完全施行されました）では、申請順位に応じた減算率に、事業者の協力度合いに応じた減算率を付加する**調査協力減算制度の導入などの課徴金制度の見直しが行われました**。これによって、課徴金減免制度の実務対応が大きく変わることになります。

[図表11-3]　独禁法関連の歴史

年	改正等
1947 年	独禁法制定・施行
1953 年	独禁法大幅緩和改正（不況カルテルなど、適用除外の新設）
1956 年	下請法の制定
1962 年	景品表示法の制定
1969 年	八幡製鐵・富士製鐵合併事件
1974 年	石油元売業者の価格協定事件・石油連盟の生産調整事件の告発
1977 年	独禁法改正（初の強化改正。課徴金制度の導入）
1989 年～1990 年	日米構造問題協議
1990 年	告発方針の公表
1991 年	独禁法改正（課徴金制度強化）
1992 年	独禁法改正（法人罰金の上限 1 億円）
1996 年	公正取引委員会、事務総局体制へ組織強化
1997 年	個別法の独禁法適用除外制度のうち20 法律 35 制度の廃止など
1999 年	独禁法改正（不況カルテル制度と合理化カルテル制度の廃止）、当時あった独禁法適用除外法の廃止など
2000 年	独禁法改正（民事的救済制度の整備）
2005 年	独禁法改正（課徴金減免制度、犯則調査権限の導入など）
2009 年	独禁法改正（課徴金適用範囲の拡大、企業結合規制の見直し）
2013 年	独禁法改正（審判制度廃止）
2018 年	確約手続の施行
2019 年	独禁法改正（調査協力減算制度の導入などの課徴金制度の見直し）

🎤 その次へ 🎤

ここまで読んでいただき、ありがとうございます！

お疲れさまでした。

全11回を終了して、**これで独禁法の全体像を一通り理解できました**（よね）。

では、この次に何をしようかということになりますと、まずは2つの道があるでしょう。

第一は、私と同世代以上であれば多分記憶にあるであろう、種田輝豊『20ヵ国語ペラペラ』（実業之日本社、1973年）という本があります。この本のカバーには「30歳で20ヵ国語を駆使した筆者は、各種国際会議で"華麗な裏方"として活躍。現在は英語誌の編集長。……」と書かれていますが、外国語をゼロから自分のものにしようと決めたときに学習法としてこの本が薦めているやり方は、手ごろな入門書をまず一読して、さらに何度か読むということ（うるし塗り作業）です。これにならって、**一応読み終えたけど、まだ不十分かなと感じている人は、この本を最初からもう一度読んでみましょう。**

第二は、そうはいっても同じ本をもう一度読むのはなあ、とか、この本を読んで独禁法の全体像を一通り理解できた！　という人は、次の本に進みましょう。独禁法のいい本は世の中にいろいろとありますが、我田引水的に申しますと、次に『**はじめて学ぶ独占禁止法〔第3版〕**』（商事法務、2021年）を読んで、さらに『**独占禁止法〔第4版〕**』（商事法務、2020年）（いずれも菅久修一編著）に進むというのは、いかがでしょうか。

ひょっとして、もう独禁法は嫌だ、という人もいるかもしれません。そういう人は、しばらく独禁法の本からは離れて、しかし、**できれば日頃、ニュースなどで独禁法とか公正取引委員会とかが出てきたらちょっと目を向けたり耳を傾けたりしつつ、再び何となく関心が沸いてきたら、この本をもう一度手にとってみてください**（『20ヵ国語ペラペラ』でもいったん休んでから同じ本をもう一度読むことを薦めています）。

[図表その次へ]　この本を読み終わったあと

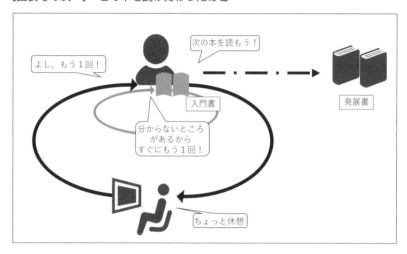

　この本を読み終えて、独禁法のサポーターや理解者になった！　でしょうか？　そうであれば感激です。
　なお、この講義では、分かりやすさを重視して、かなり自由に、かつ大胆に語っています。そのため、いずれかの組織などの見解ではなくて、あくまで個人的な考え方に基づくいい方をしているところもそれなりにありますので、その点に十分ご注意ください。

　ところで、株式会社商事法務の辻有里香さんには、この本の企画のご提案をいただき、執筆段階でも絶えず有益なご指摘をいただきました。辻さんがいなければ、この本は存在しなかったでしょう。また、公正取引委員

会事務総局の品川武さんと小室尚彦さんには、原稿段階から数々の貴重な
コメントをいただきました。ここに記して深く感謝いたします。

　独禁法のサポーターや理解者が増えることを心より期待しています。

著者略歴

菅久 修一（すがひさ・しゅういち）
公正取引委員会事務総長

［略歴］
1983年　東京大学経済学部卒業
　　　　公正取引委員会事務局入局
　　　　以降、在ベルリン日本国総領事館領事、審査局管理企画
　　　　課長、官房総務課長、消費者庁審議官、公正取引委員会
　　　　事務総局取引部長、経済取引局長等を務める。
　　　　2020年1月より現職。

［主要著書］
『はじめて学ぶ独占禁止法〔第3版〕』（編著。商事法務、2021年）
『独占禁止法〔第4版〕』（編著。商事法務、2020年）

独禁法の授業をはじめます

2021年7月10日　初版第1刷発行

著　　　者　　菅　久　修　一

発　行　者　　石　川　雅　規

発　行　所　　株式会社 商 事 法 務
　　　　　　　〒103-0025 東京都中央区日本橋茅場町 3-9-10
　　　　　　　TEL 03-5614-5643・FAX 03-3664-8844〔営業〕
　　　　　　　TEL 03-5614-5649〔編集〕
　　　　　　　https://www.shojihomu.co.jp/

落丁・乱丁本はお取り替えいたします。　　印刷／広研印刷㈱
© 2021 Shuichi Sugahisa　　　　　　　Printed in Japan
　　　　　　　　　　Shojihomu Co., Ltd.
　　　　　　ISBN978-4-7857-2877-9
　　　　　＊定価はカバーに表示してあります。